Porsche steht für Tradition, Innovation und Leidenschaft. Und für den Antrieb, sich immer wieder neu zu erfinden. Eine erste Zäsur gibt es Anfang der 1960er-Jahre: Auf das Urmodell 356 folgt der 911. Damals noch ein Rookie, heute eine Ikone.

Mit dem legendären Sieg in Le Mans 1970 wird Porsche zum Maßstab im Motorsport – und ist es bis heute. Denken Sie zum Beispiel an das Triple des 919 Hybrid in Le Mans und der Langstrecken-Weltmeisterschaft. Auch die jüngsten Triumphe des 911 im weltweiten Motorsport zeigen: Porsche steht für Emotionen. Dynamik bestimmt das Bild der Marke. Und der Mut, Neues zu wagen: Mitte der 1990er-Jahre die Premiere des Boxster, 2002 der Cayenne, 2009 der Panamera. Mit dem Taycan definiert sich Porsche nun auch als Pionier nachhaltiger Mobilität. Und verbindet die Tradition mit der Zukunft.

Die Menschen sind übrigens unverändert begeistert von der Marke, den Modellen und ihrer Geschichte. Vor allem die Porsche-Fans lieben sie. Und sie zeigen es. Individuell, emotional, pur. Von dieser einzigartigen Verbindung handeln die kommenden Seiten. Für mich persönlich ist diese *Christophorus* Edition ein Erlebnis. Genießen Sie die Lektüre und tauchen Sie ein in die wunderbare Welt von Porsche.

Ihr
Sebastian RUDOLPH
Herausgeber

Ein Treffen als Kunstform: „Luftgekühlt" ist ein ursprünglich amerikanisches Event, erfunden unter anderem von Patrick Long. Inzwischen gibt es aber auch eine Ausgabe dieser besonderen Show in München (S. 16).

Havannas

verborgene

**Auf der Suche nach versteckten Porsche-Preziosen – ein Roadmovie in vier Tagen.
Kein anderer Karibikstaat fasziniert mehr, und doch gilt, trotz einer gewissen
Öffnung für Tourismus und auch für neue Ideen: Das Geheimnis Kuba bleibt. Ein harmloser
Ortstermin beim Porsche Club in Havanna wird fast zum Agentenstück.**

Text **Bastian FUHRMANN** Fotos **Anatol KOTTE**

Schätze

Rundfahrt: Maxy Ramos und sein Plymouth tragen uns durch die von Patina überzogene Pracht Havannas.

„Es war völlig beeindruckend, wie die zwei 356 Speedster GT beim letzten großen Rennen auf Kuba siegten."

Orlando MORALES

Havanna, 1962. Ein Rennbericht.

Die Porsche-Armada prescht an den Mauern des Malecón vorbei. Die 1,5-Liter-Triebwerke der 356er bieten den Dreiliter-Aggregaten aus Italien oder den Fünfliter-Giganten aus den USA die Stirn. Die Menge staunt und jubelt, feiert die kleinen, wendigen Rennwagen aus Deutschland. Am Ende gehen zwei Porsche 356 Speedster GT beim letzten internationalen Autorennen auf Kuba – Las Carreras de Autos – sensationell auf Platz eins und zwei durchs Ziel.

Aus der Zeit gefallen

Die vollständige Isolation Kubas ist Vergangenheit, der Inselstaat öffnet sich mit Bedacht. Dennoch wirkt die Hauptstadt Havanna noch immer wie aus der Zeit gefallen. Hier liegen Verzweiflung und Hoffnung nah beieinander. Die Suche nach den Porsche-Schätzen der Insel wird zu einem Geduldspiel mit wortkargen Informanten, geheimnisvollen Nachrichten, langen Autofahrten, verschlossenen Stahltoren und bizarren Überraschungen.

Den vermeintlich existierenden Porsche Club Cuba gibt es nicht mehr. Die Namen der Besitzer jener wenigen, versteckten Modelle aus Zuffenhausen werden gehütet wie ein Staatsgeheimnis. Doch Aufgeben kommt nicht infrage. Es gilt, Hunderte von Meilen übers Land zu fahren, zahllose Hände zu schütteln und trotz zunehmender Erschöpfung zu lächeln: „Todo bien!" Alles in Ordnung! Es ist ein Wechselbad der Gefühle. Einerseits das beharrliche Schweigen der Menschen, andererseits die lebensfrohe Schönheit Havannas. Eine Welt voll pittoresker Farben und dem bekannten

Defilee der Oldtimer. Fast ausnahmslos Ami-Schlitten, selten ein Lada. Kein einziger Porsche.

Eine erste Spur führt zu einem malerischen Eisentor. Irgendwo dahinter sollen die verschwundenen historischen Porsche-Modelle stehen. Doch Orlando Morales winkt ab. Einlass? Nicht jetzt. Vielleicht später. Vielleicht gar nicht. Orlando schweigt. Der 80-Jährige ist der erste ernsthafte Kontakt. Ein Mann mit den kantigen, oftmals völlig ausdruckslosen Gesichtszügen eines Menschen, den nichts mehr überrascht oder aus dem Gleichgewicht bringt. Das Tor bleibt verschlossen, die Realität eines leibhaftigen Porsche-Fahrzeuges Vision. Aber immerhin erwähnt Orlando eine Sammlung von Schwarz-Weiß-Fotografien, die von den grandiosen Auftritten der Porsche-Rennwagen in den Fünfzigern zeugen. Doch Fotos sind das eine, die Suche hingegen gilt den Sportwagen, die überlebt haben. Aber werden sich die verschlossenen Tore öffnen? Am ersten Abend bleibt nur die Hoffnung.

Am nächsten Tag bekommt die Hoffnung eine konkrete Gestalt. Die von Maxy Ramos und seinem Plymouth Cranbrook von 1952. Maxy erzählt, er sei eigentlich Veterinärmediziner. Doch einen Job als Tierarzt hat er nicht, nur den Plymouth seines Großvaters. Die betagte Limousine mit der lederbezogenen Rückbank genießt seine ganze Aufmerksamkeit, denn mit ihr verdient er die nötigen Pesos, um seine Frau und seinen sieben Monate alten Sohn durchzubringen.

Sorgsam umfährt er jedes Schlagloch im maroden Asphalt der Stadt, mahnt ein behutsames Schließen der Türen an und verflucht in starken Bildern die salzhaltige Gischt der Atlantikwellen, die sich an der Uferpromenade Malecón brechen und das Blech seines Taxis

attackieren. Jeden Morgen stehen er und sein Auto frisch gewienert vor dem Hotel. Maxy ist das menschliche Navigationssystem auf der Suche nach jener automobilen Leidenschaft, die auch auf Kuba gelebt und geteilt wird: einer Gruppe Menschen, die Porsche liebt.

Und es ist wieder jener Orlando Morales mit dem Pokerface, der schließlich – mit Unterstützung von Manuel García Fernández und Alberto Gutiérrez Alonso – die Spur zu den letzten Porsche-Modellen auf der karibischen Insel legt. Orlando gilt als Kubas automobiler Archivar. Er besitzt ein Verzeichnis aller legal eingeführten Verkehrsmittel. Wenn überhaupt jemand etwas über den Verbleib der Autos aus dem fernen Alemania weiß, dann er.

In seiner kleinen Wohnung am Plaza de la Revolución breitet er eine kubanische Porsche-Auslese in Schwarz-Weiß aus. Auf dem Fensterbrett picken kleine Vögel nach den Reiskörnern, die Orlando jeden Morgen für sie auslegt. Auf den Bildern ist das markante Gesicht des Porsche-Rennleiters Huschke von Hanstein zu sehen. Anders als sonst, ist er auf Kuba selbst Akteur und pilotiert 1960 während des Gran Premio Libertad, des Großen Preises von Kuba, einen Porsche 718 RSK über 65 Runden.

Auf einem anderen Bild duckt sich Carroll Shelby, Schöpfer der AC Cobra, hinter dem Volant eines Porsche 550. Weitere Rennsportlegenden wie Graf Berghe von Trips, Edgar Barth und Stirling Moss sind auf den vergilbten Fotos verewigt. Und dann deutet Orlando auf einen ganz besonderen Kopf: den Meister aller Meister – Juan Manuel Fangio. Das Bild wurde am 22. Februar 1958 aufgenommen, genau einen Tag vor seiner spektakulären Entführung.

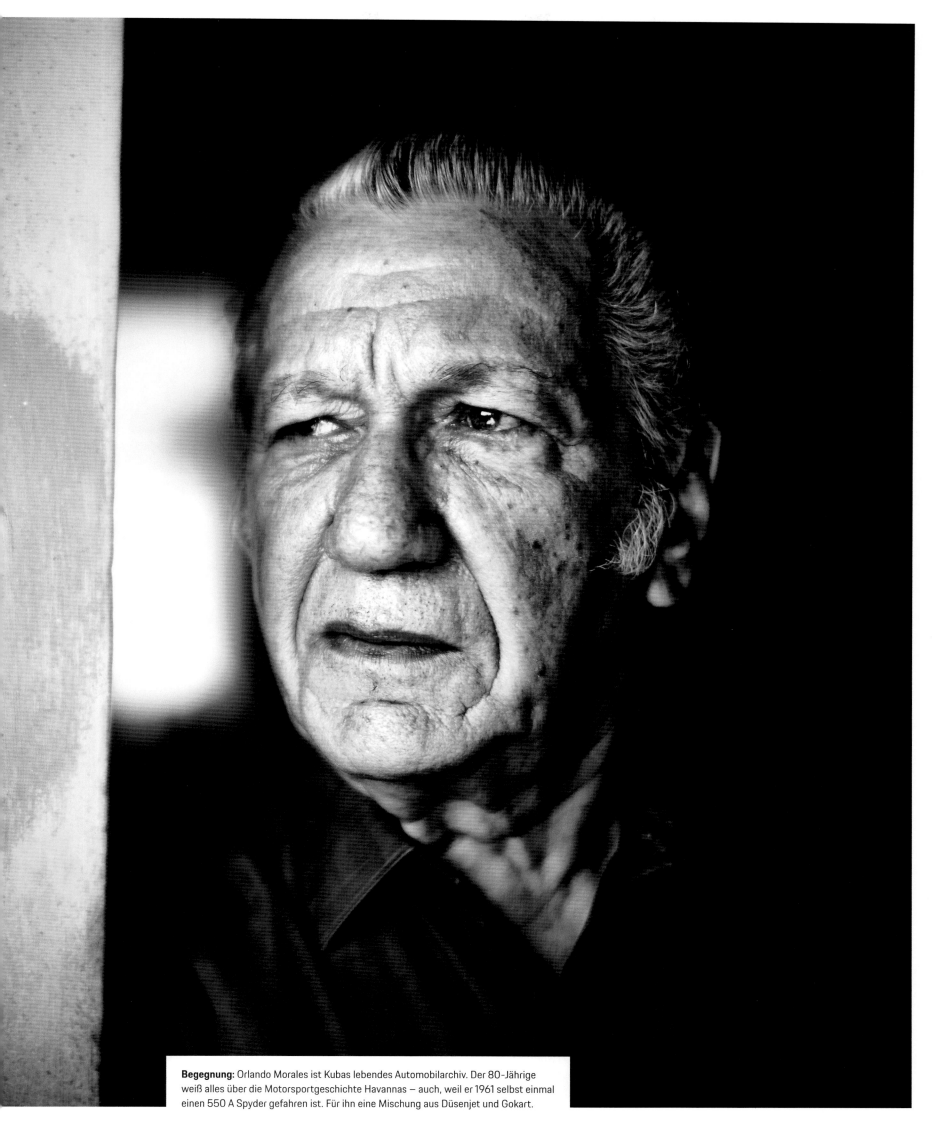

Begegnung: Orlando Morales ist Kubas lebendes Automobilarchiv. Der 80-Jährige weiß alles über die Motorsportgeschichte Havannas – auch, weil er 1961 selbst einmal einen 550 A Spyder gefahren ist. Für ihn eine Mischung aus Düsenjet und Gokart.

Ortstermin: Der erste fahrbereite Porsche, den wir entdecken.
Am Steuer Reinaldo García Sánchez, der den 356 verlassen unter einem
Baum fand. Mit dabei: seine Freundin Dianne und Ernesto Rodríguez.

Kuba ist im doppelten Sinne eine Insel – die Kultur hat sich fast unabhängig von äußeren Einflüssen entwickelt.

Fangio wird entführt

Es ist jene Zeit in der kubanischen Geschichte, als Staatspräsident Fulgencio Batista aus Kuba ein karibisches Eldorado für den Jetset der Welt machen will. Havanna soll ein zweites Las Vegas werden. Und um die Schönen und Reichen anzulocken, sind Attraktionen nötig. So sorgt Batista dafür, dass der internationale Rennsport seinen Weg in die kubanische Hauptstadt findet. Während die High Society in amerikanischen Limousinen durch Havanna kutschiert, brodelt es in den umliegenden Bergen. Die bärtigen Revolutionäre um Fidel Castro und Che Guevara warten nur darauf, das Batista-Regime zu stürzen. So nutzen die Rebellen auch den Großen Preis von Kuba 1958, um den Weltmeister und Maserati-Piloten Juan Manuel Fangio zu entführen. Sie werden ihn fast 30 Stunden lang in ihrer Gewalt behalten.

Fangio verpasst den Start, behält aber sein Leben. Die Revolutionäre verpassen Batista mit dieser Aktion einen Denkzettel und zeigen der Welt, dass sie existieren. Vier Jahre später – Castro ist schon lange an der Macht – erlebt die Stadt am Malecón ihr letztes internationales Rennen. Am 24. Juni 1962 erklingt noch einmal das Dröhnen der Motoren. Gegen die Konkurrenz aus Italien und Nordamerika feiern die vergleichsweise bescheiden motorisierten Porsche 356 Speedster GT einen Doppelsieg. Papi Martínez und Eduardo Delgado belegen die Plätze eins und zwei. Neben den 356-Modellen finden auch wenige 718 RSK und 550 Spyder den Weg auf die größte Insel der Antillen. Orlando registriert jedoch nie mehr als 30 Porsche-Fahrzeuge auf Kuba. Und mit dem letzten ausgetragenen Rennen verglühen auch die letzten Funken von Batistas luxuriösem Lifestyle. Die Hautevolee flieht, die meisten Porsche werden eilig

davongeschafft. Die wenigen zurückgelassenen 356-Modelle fallen in die Hände des Staates und werden zumeist als Taxis benutzt. Doch das ist Geschichte.

Der Porsche Club von Kuba bleibt rätselhaft

Jetzt geht es um Porsches Gegenwart auf Kuba. Einen Porsche Club gibt es heute nicht, vielleicht keimte er im Gründungsjahr 2003 kurz auf, doch einen Puls hatte er anscheinend nie. Unter dem immer noch wachsamen Auge der Obrigkeit echten Porsche-Enthusiasmus aufzuspüren, ist schwerer als gedacht – eine harte Nuss.

Vermeintliche oder tatsächliche Luxusgüter werden in der Öffentlichkeit trotz der neuen Politik der Öffnung noch immer vermieden. Der morbide Charme vergangenen Reichtums bestimmt vorerst weiterhin das Bild. Die Substanz der Stadt zerbröckelt langsam, aber stetig vor den Augen der Bevölkerung. Ein Gang durch das alte, prachtvolle Havanna macht das schnell deutlich. Schaut man eben noch in eine historische Bibliothek oder eine voll besetzte Bar, klafft hinter der nächsten Tür ein großes Loch und man steht vor einem Haufen Schutt, der auf die Straße gespült wurde. Das Skelett eines Hauses ist freigelegt, intakte Treppen lassen erahnen, wo früher das Leben heruntergeeilt ist. Der Fußgänger macht einen Bogen. Havanna dreht sich weiter – und steht doch still.

Orlando Morales verrät, dass er während seiner aktiven Zeit als Rennfahrer einmal selbst einen Porsche 550 A Spyder gefahren ist. Ein Erlebnis, das für ihn bis

heute präsent ist. „Es muss 1961 gewesen sein. Ich war bis dato nur schwere, hubraumstarke amerikanische Fabrikate gewohnt. Doch dieser leichte Porsche fuhr sich wie eine Mischung aus Düsenjet und Gokart."

Auch wenn Orlando sich damals nicht für das Hauptrennen qualifizieren konnte, spürt man die Euphorie selbst noch ein halbes Jahrhundert später: „Diesen Tag werde ich nie vergessen." Er scheint angestachelt, seine Energie ist zurück, der betagte Archivar der Mobilität will helfen, die Porsche-Fahrzeuge der Gegenwart zu finden, jene, die überlebt haben. Die wenigen Petrolheads Kubas sind bestens vernetzt, und sobald das Vertrauen Orlandos gewonnen ist, öffnet sich der Weg zu Manuel García Fernández und Alberto Gutiérrez Alonso, dem Präsidenten des Club de Autos Clásicos y Antiguos. Aber zunächst werden nur Telefonnummern und Visitenkarten ausgetauscht. Dann heißt es wieder: warten. Das Netzwerk arbeitet.

Am darauffolgenden Tag bestimmt Manuel García den Treffpunkt: die alte Castrol-Villa. Endlich Bewegung! Maxys Plymouth startet zuverlässig. Sonnenbrillen auf, *Guantanamera*, der Song der Insel, ertönt im Autoradio: „Ich bin ein aufrichtiger Mensch von dort, wo die Palme wächst, und bevor ich sterbe, möchte ich mir meine Verse von der Seele singen." Die ursprünglich von Kubas Nationalhelden José Martí getexteten Zeilen beschreiben die Seelenlage der Kubaner, ein undurchschaubares Gemenge aus Todessehnsucht und Lebenslust.

Vorbei am legendären Hotel Nacional – einem alternden Palast über dem Meer. Und wie jeden Augenblick

Überraschungsfund: Der weinrote 356 C versteckte sich in einem verwilderten Garten unter einer Decke (oben). Manuel García Fernández (ganz links) und Alberto Gutiérrez Alonso sind bestens vernetzt.

„Huschke von Hanstein, Edgar Barth und sogar Carroll Shelby gingen in Havanna für Porsche an den Start."

Raúl ABREU

wieder, bricht sich die Flut in einer gigantischen Welle über dem Malecón. Klischees, hier sind sie Alltag. Manuel und Alberto fahren voraus in Richtung Miramar und Punta Brava. Der MP4-Player füllt das Taxi mit *Riders on the Storm* von den Doors: „Into this world we're thrown, like a dog without a bone." Es geht vorbei an den architektonischen Sensationen der Fünfzigerjahre, irgendetwas zwischen grandios und grotesk. Dann ein Vergnügungspark, dessen Stecker schon vor Jahren gezogen wurde. Nach zahllosen Meilen des Staunens das Übliche: ein verschlossenes stählernes Tor. Zum Schutz vor zu viel Neugier wurden auf den Sandsteinmauern rechts und links dicke Glasscherben angebracht. Und erneut lautet die Lösung: warten! Wenn man sich in Kuba auf eines verlassen kann, dann darauf, dass erst einmal Geduld gefragt ist. Schließlich öffnet sich das schwere Tor. Der Weg führt durch einen verwilderten Garten zu einem schon vor langer Zeit abgestellten Porsche 356 C. Endlich! Unter einer Decke aus Kokosnussfasern schlummert das weinrote Coupé. Der Vierzylinder-Motor ist nicht mehr dort, wo man ihn sucht, und im Innenraum des Wagens stapeln sich die abmontierten Türen. Ein trauriger Anblick, aber dennoch: der erste Porsche! Seelenstreicheln.

Die zurückgelassenen Löcher der Heckleuchtenpartie sind auffallend größer als beim Original. Sein Besitzer, der mittlerweile in Florida lebt, verbaute, wohl aus der Not heraus, die blockigen Rückleuchten eines russischen Lada. Alberto hat es eilig. Der nächste Porsche!

Wie, jetzt schon? In vier Tagen nicht auf einen einzigen Sportwagen aus Stuttgart zu treffen und dann sind innerhalb von 30 Minuten gleich zwei im Angebot? Alberto hat keine Geduld. Es geht weiter.

Manuel verabschiedet sich, Alberto steigt in den Plymouth. Eine neue Überlandfahrt. Wieder ein Eisengitter. „Cuidado hay perro" prangt auf einem verwitterten Schild. Warnung vor dem Hund. Doch hier beißt niemand mehr. In der Ferne, versteckt hinter Palmen, ist die silberne Silhouette eines Porsche 356 zu sehen. Geschützt unter einem Carport parkt das Coupé. Fast unheimlich, wie selbstverständlich es dort steht und dass es sich in einem relativ guten Zustand präsentiert. Alberto geht auf das Gitter zu, pflückt im Vorbeigehen eine reife Avocado und wechselt ein paar schnelle Sätze mit dem aus dem Dickicht kommenden Gärtner. Ein knapper Dialog, dann Albertos kurzes Kommando, eher eine Art Einsatzbefehl: „Fünf Minuten! Mehr nicht."

Das Tor öffnet sich, es folgt ein kurzer verwinkelter Fußweg über das Grundstück eines ehemaligen „Förderers der Revolution", wie es Alberto nennt. Noch drei Minuten. Das Auto ist ein Porsche 356 aus der frühen Porsche-Reutter-Fabrikation, das verrät sein Typenschild an der A-Säule. Der hintere Teil der Karosserie ist aufgebockt, um das Gewicht von den Achsen zu nehmen.

Noch eine Minute. Ein Blick durch die offene Tür auf ein überraschend modernes Interieur. Die Recaro-Sitze dürften nicht älter als 20 Jahre sein. Doch bevor auch nur die erste Frage aufkommt, ist das Zeitfenster zu. Wer ist der Besitzer dieses Kleinods? Keine Antwort. „Vielleicht nächstes Mal", sagt Alberto, „nicht heute, nicht jetzt." Ein Phantom mit Porsche-Affinität. Auf dem Weg zurück in die Stadt klingelt das Handy. Ernesto Rodríguez, Mitbegründer des einst existierenden Porsche Club Cuba, ist am anderen Ende der Leitung: „Kommt zurück nach Havanna, schnell!" Zwei noch fahrfähige Porsche-Preziosen sind

aufgetaucht. Woher kommen sie so plötzlich? Wem gehören sie? Auch auf diese Fragen gibt es keine Antwort. Natürlich nicht.

Unterschiedlicher als dieses Duett können 356er kaum sein: der eine in Beige, ein tadelloses Modell, Baujahr 1957. Frisch und gepflegt wie im Sonntagskleid. Sein Pendant gleicht einem Flickenteppich. Ein 356 als Mosaik aus verschiedensten Blautönen. Baujahr 1953, mit jener Knickscheibe. Sichtbar gezeichnet von den Spuren der Zeit.

Während der beigefarbene Porsche in Richtung Originalzustand restauriert wurde, herrscht an dem blauen Porsche die reinste Not: Der Motor entstammt einem Käfer, der Lack ist zigfach überpinselt und grob gespachtelt, tragende Teile wurden eher kreativ befestigt. Für Puristen ein Frevel – Realisten indes wissen, dass Porsche-Ersatzteile auf Kuba kaum zu bekommen waren. Nicht einmal auf dem Schwarzmarkt. Doch so schnell die beiden Porsche und ihre Besitzer aufgetaucht sind, so schnell sind sie auch wieder verschwunden. Ein paar Fotos entstehen, dann geben die Besitzer Gas. Nur kein Aufsehen erregen. Adiós, amigos!

Zwei Schätze warten noch auf Entdeckung

30 Porsche-Fahrzeuge hat Orlando, der Archivar, auf seiner Liste. Viele dieser Rennwagen wurden noch während der Revolution eilig von der Insel geschafft. Vier 356 hat die Spurensuche bisher ans Tageslicht gebracht. Wo sind die anderen? Existieren sie überhaupt noch? Alberto sagt: „Zwei gibt es noch. Sicher. Im Norden der Insel." Aber gesehen wurden sie schon lange nicht mehr. Die Suche geht weiter. •

Rückblick: Raúl Abreu kennt wohl jeden Porsche auf der Insel noch persönlich. In den 1950er-Jahren war er Mechaniker der damaligen Porsche-Niederlassung in Havanna.

14

Der erste Porsche im Sonntagskleid ist der beigefarbene 356. Das perfekte Finale.

Happy End: Der beigefarbene Porsche 356 aus dem Baujahr 1957 wird gehütet wie ein Augapfel. Sein Besitzer hat ihn liebevoll mithilfe von Originalteilen restauriert.

Los Angeles

Bunt, locker, offen, cool: Patrick Long hat in Kalifornien das
Treffen „Luftgekühlt" etabliert. Und deshalb ist Porsche-Fahren
dort nun so beliebt wie Skateboarden oder Surfen.

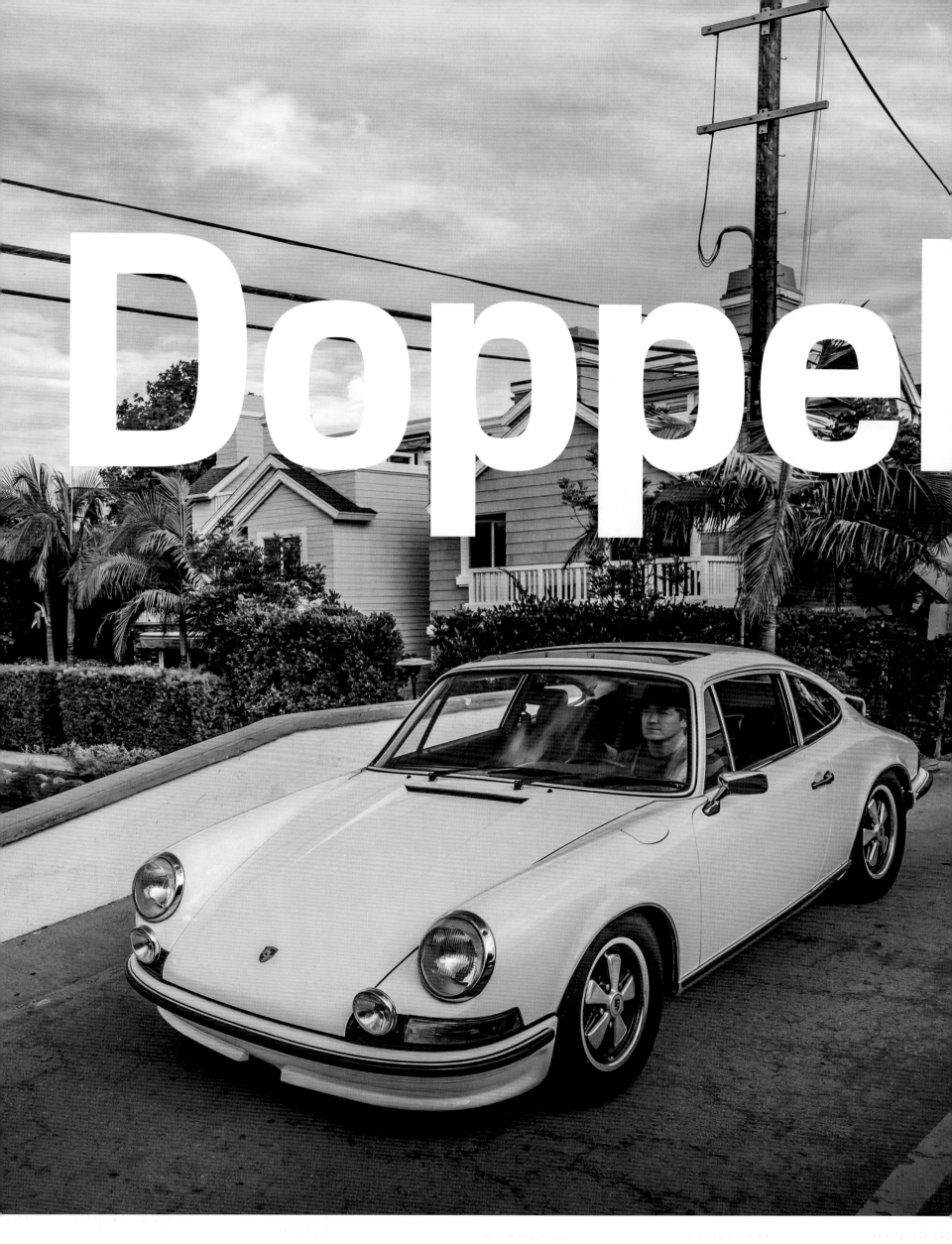

Doppel

Leben

Patrick Long hat auf Porsche bereits zwei Mal Le Mans gewonnen und auf zahlreichen anderen Rennstrecken sein Können gezeigt. Privat genießt es der zurzeit einzige Porsche-Werkspilot aus den USA etwas relaxter – mit dem kalifornisch-lässigen Porsche-Treffen „Luftgekühlt" hat der er eine weltweite Bewegung begründet. Und diese positive Kraft kommt nun nach Europa: Nach England erlebte vor Kurzem auch Deutschland seine „Luftgekühlt"-Premiere.

Text **Paul KLEE, Jan BAEDEKER** Fotos **Theodor BARTH, Stefan BOGNER**

München

Ist das noch Kalifornien oder doch schon München? Nur die Nummernschilder verraten den Ort. Was Lässigkeit und Flair angeht, muss sich die Munich Edition nicht verstecken.

Porsche meets Pop-Art

Jeder ankommende Wagen wird passend platziert. Was so leicht
aussieht, ist eine Kunstform. Klingt erst einmal sehr streng,
doch wer in München mitgemacht hat, der weiß: Es geht locker zu,
der Spaß steht im Vordergrund, das Wir-Gefühl ist stark.

„Luftgekühlt unterscheidet sich von anderen Porsche-Treffen durch die perfekte Inszenierung."

Patrick LONG

Zurück in der Stadt der Engel

Luftgekühlt ist in Kalifornien dank Patrick Long fast
so gebräuchlich wie *Fahrvergnügen* oder *Kindergarten*.
Ein neues deutsches Wort im Englischen. Uber cool!

Heimspiel

Das 911-Cockpit ist sein Arbeitsplatz.
Hier fühlt sich Patrick Long zu Hause.

W ir treffen uns bei dem „Gott aus der Maschine", 1001 Venice, Ecke Lincoln Boulevard in Los Angeles. Wer an diesem Ort vorbeikommt, dem gibt das Motorradstyle-Label Deus Ex Machina noch drei weitere Worte mit auf den Weg: In Benzin Veritas. Nahe dem Giebel, auf einem Schild, das einer alten Kinotafel gleicht, steht der oktanhaltige Gruß.

An diesem Ort liegt die Wahrheit folglich nicht im Wein, sondern im Kraftstoff. Und das sagt so ziemlich alles über unseren recht speziellen Treffpunkt und über seinen Initiator. Patrick Long, derzeit einziger offizieller Porsche-Werksfahrer in den USA, fühlt sich hier zu Hause. Hier werden wir mehr über ihn erfahren und natürlich über seine Passion: den Porsche 911 – im Vintage-Look oder Renntrimm.

Bevor Patrick eintrifft, haben wir noch kurz Zeit für einen Blick in die Filiale des australischen Kultlabels Deus Ex Machina. Während im hinteren Bereich an Custom-Bikes geschraubt wird, mustern sich vorn harte Jungs in Deus-Klamotten im Spiegel, blättern Kunden die

ausliegenden Bildbände quer oder genießen einfach nur den kräftigen, handgebrühten Kaffee und das Zusammensein unter Gleichgesinnten. Entspannte Gespräche auch draußen auf dem Parkplatz. Eine Handvoll Harley-Davidson- und Triumph-Motorräder bilden die Kulisse. Der Smalltalk verstummt kurz, als sich das schwäbische Trommeln eines Sechszylinders über die Szenerie legt. Der Porsche 911 E von 1973 – Farbe Hell-Elfenbein – schiebt sich zwischen die geparkten Bikes. Das E steht für Einspritzung, sie ersetzt in diesem 140 PS starken Elfer den bis dato üblichen Vergaser.

Ein Traum wurde wahr: einmal 917 fahren!

Der 38-jährige Profi-Rennfahrer grüßt freundlich, setzt sich mit einem Eiskaffee in der Hand zu uns und erzählt gleich los, warum es diese Biker-Höhle sein musste. Hier entstand die Idee zu jenem von Patrick initiierten Porsche-Event mit dem simplen, jedoch selbst in Amerika wohlklingenden Namen: Luftgekühlt. Ein feines, kalifornisches Treffen, das unter Porsche-Enthusiasten weltweit bemerkt wurde. Einmal im Jahr treffen sich dabei Liebhaber von luftgekühlten Porsche-Modellen. Historie ebenso wie Motorsport, Patrick fasziniert dies gleichermaßen – solange es um Porsche geht. Der zweimalige Le-Mans-Gewinner kam sogar einmal in den Genuss, einen der legendären Porsche 917 über die Rennstrecke von Willow Springs zu pilotieren,

andächtig und dennoch zügig. Zum Auftakt der berühmten Rennsport Reunion – dem sagenhaften Meeting historischer Porsche-Rennwagen. Jener legendäre 917 mit der Chassis-Nummer 015/035 gewann 1971 die 1.000 Kilometer von Spa. Long ist erfüllt von Stolz, hinter dem Lenkrad dieses ruhmreichen Porsche gesessen zu haben – aber ihn auch so gefahren zu haben, wie es sich für einen Rennwagen gehört. Für ihn kein Problem, ist er immerhin schon rein beruflich mit 911-Modellen der Gattung GT3 RSR vertraut.

Wir brechen auf Richtung Manhattan Beach, Richtung Patricks Zuhause in Los Angeles. Patrick startet den 911 E, und das geöffnete Schiebedach umrahmt einen Airbus, der über uns hinwegdonnert. Während seine Hände auf dem antiken Lenkrad mit der typischen Hupenwippe liegen, fällt seine Armbanduhr auf, deren Zeiger durchbohrt sind. Dreht Longs Zeit schneller? Für ihn selbst ganz sicher. „Mit sechs fuhr ich auf unserem Grundstück die ersten Runden im selbst gebauten Kart meines Vaters Phil. Mit acht Jahren startete ich dann zum ersten Mal bei einem lokalen Rennen hier in Südkalifornien." Ganz entspannt sitzt Patrick im 911 E und erzählt. Elf Jahre später zog es den jungen Long nach Europa, unter anderem nach Frankreich. La Filière, ein Lehrgang für Nachwuchsfahrer an der Universität von Le Mans, schürte sein Feuer für den Top-Speed noch mehr. Nach dem erfolgreichen Abschluss wurde Porsche auf den rotblonden Racer aufmerksam und bot

Patrick Long ist schon 15 Mal Le Mans gefahren und 14 Mal in Sebring.
Top-Ten-Platzierungen und Klassensiege inklusive.

„Ich habe meine Passion zum Beruf gemacht – ein echter Glücksfall."

Patrick LONG

ihm einen Platz im Porsche-Junior-Team an. Ein Traum wird wahr für den Mann mit den irischen Wurzeln. Denn bereits wenig später sitzt er zum ersten Mal hinterm Steuer eines 996-GT3-Cupsportlers – das war 2002 in Leipzig. Gemeinsam mit Mike Rockenfeller bestreitet er sein erstes Rennen für Porsche im Carrera Cup. Mit seinem Überraschungssieg 2003 auf dem Norisring in Nürnberg schlüpft der Rookie schließlich in das zehnköpfige Porsche-Werksteam. Seitdem ist Long der einzige Pilot aus den USA. Ein Status, den er bis heute hält. Als wir auf den Hof seines sympathischen weißen Hauses rollen, steht hinter einem Panamera S E-Hybrid und einem Porsche Cayenne der zweiten Generation das Garagentor halb offen und wir entdecken einen weiteren Wagen aus Zuffenhausen: einen Porsche 912, natürlich in Irischgrün – das zweite luftgekühlte Objekt der Begierde im Leben des Highspeed-Fahrers. Longs Entschleunigung und Lebensmittelpunkt lernen wir nur Augenblicke später kennen. Sohn Leyton auf dem Arm von Lauren, seiner Frau. Beide genießen es sichtlich, dass ihr Rennfahrer wieder in der heimischen Boxengasse parkt. Das Paar lernte sich auf dem Racetrack in Montreal kennen, verrät Lauren. Im Hintergrund tollt Labrador-Mix Randy durch den Garten. Long ist ganz bei sich. Er ist angekommen.

Dann zeigt er uns noch sein Büro, das von 14 Rennhelmen umrahmt ist. Auf jedem prangt ein Kleeblatt. Das Wahrzeichen Irlands und somit seiner Vorfahren.

Longs einziges Stück Aberglauben, ansonsten verlässt er sich lieber auf seine Fitness und sein Wissen über die schnellen Kurven dieser Welt. Dazu dient auch ein Rennsimulator in der Ecke seines Arbeitszimmers, das eher an eine Junggesellenbude erinnert – Proben für den Ernstfall. Der Nürburgring liegt startbereit auf der Speicherkarte der Playstation wie Le Mans. Zwei Strecken, die er bereits ganz real erobert hat. Daytona, Sebring und noch viele mehr. 2015 stand Patrick Dempsey in Le Mans neben Long auf dem Podest. Die beiden Patricks sind eng befreundet, seit der Schauspieler und er als erfolgreiche Rennfahrer für Porsche reüssiert haben. Sie sind viel um die Welt gereist, haben gemeinsam viele Erfolge gefeiert und Spaß gehabt. Neben der Rennfahrerei entwickelt sich nun aber das „Luftgekühlt"-Thema mehr und mehr zum schönsten Nebenjob der Welt für Patrick Long.

Porsche ist Familie

Im Mai 2019 kamen zur fünften Auflage an vier Tagen mehr als 600 klassische Porsche und über 8.000 Besucher nach Los Angeles. Viel zu tun für Patrick und seinen Mitstreiter Jeff Zwart. Und doch ist ihnen wichtig, das Feuer der Leidenschaft für Porsche möglichst weltweit zu schüren. Ende August dann die Generalprobe auf einem alten Militärflughafen im Süden Englands: Würde „Luftgekühlt" auch in Europa funktionieren? Ja. Volles Haus, zufriedene Porsche-Fans und der Wunsch, nach

Überwindung der Wasserbarriere Atlantik nun die erste Sprachbarriere zu nehmen. Das besondere Treffen sollte nun im Heimatland der Marke Fuß fassen. Doch nicht etwa Stuttgart wurde zum Place to be, sondern München, genauer: Das Werkviertel Mitte, ein ehemaliges Industriegelände, das sich immer mehr zum urbanen Trendquartier mit Container-Cafés, Graffiti-Wänden und Kreativbüros entwickelt. So wie in Kalifornien auch, werden alle ankommenden Porsche liebevoll arrangiert. Einfach Parken und gehen? Nein! So stehen die Porsche mit etwas Abstand zueinander vor möglichst farblich abgestimmter Kulisse. Kein Treffen, eine Hall of Fame.

Bereits im Morgengrauen kommen die ersten von 150 ausgewählten Porsche an. Noch will man „Luftgekühlt" klein halten. Alles soll langsam wachsen, sich zu keiner Blase entwickeln, die niemand mehr kontrollieren kann. Dafür werden – das gehört zum Konzept – für die Besucher keine Schranken errichtet: Jeder ist willkommen, wird mit einbezogen, zum Teil des Ganzen. Wo das nächste Event stattfindet? Patrick zwinkert und sagt salomonisch: „Wir werden weiterhin versuchen, junge Menschen auf der ganzen Welt mit unserer Begeisterung für die Geschichte von Porsche anzustecken."

Dass bei den Trips zu den schnellsten Asphaltstrecken dieser Erde und den „Luftgekühlt"-Events dennoch kein Heimweh aufkommt, hat einen Grund, verrät Patrick zum Abschied: „Porsche ist wie eine Familie für mich." •

Speed Date

Warmfahren:
Dein Gesicht, wenn du neben
jemandem sitzt, der viel
später bremst, als du es tun würdest.

Treffen sich ein Tennisstar und ein Langstreckenweltmeister.
Sprechen nicht über Leistung und Erfolg, sondern trainieren Aufschläge und Fahrkünste.
Eine schnelle Begegnung zwischen Angelique Kerber und Mark Webber.

Text **Christina RAHMES** Fotos **Alexander BABIC**

„In einem 911 bekomme ich immer meinen Kopf frei. Das ist pure Entspannung für mich."

Angelique KERBER

„Klar habe ich Angst vor ihrem Aufschlag. Jeder hat Angst davor."

Mark WEBBER

Ballannahme:
Deine Pose, wenn du weißt, dass dich gleich der Aufschlag einer Weltklassespielerin erreicht (oben). Deine Freude, wenn du ankündigst, dass du gleich einem Langstreckenweltmeister den Ball über das Netz schmetterst (links).

Ein Sandplatz oder eine Rennstrecke. Klingt nach perfekten Orten, wenn man eine Verabredung zwischen zwei Weltklassesportlern aus den Bereichen Tennis und Motorsport plant. Einer von beiden wäre jedoch, je nach Entscheidung, nicht in seinem gewohnten Umfeld. Ein Verstoß gegen das Fair Play. Lieber nicht. Das Treffen steht unter dem Motto „Performance". Auf einer Reise mit dem Porsche 911 bietet sich hierfür ein Abstecher an, zum Beispiel auf einen Flugplatz im bayerischen Oberschleißheim am nördlichen Stadtrand Münchens. Genügend Fläche für schnelle Slalomfahrten und starke Aufschläge. In den Hauptrollen: Angelique „Angie" Kerber und Mark „Aussie Grit" Webber. Zwei, die für das stehen, was auch die Marke Porsche ausmacht: Sportlichkeit, Ehrgeiz, Ausdauer und Performance. Für ihr Date bekommen sie den neuen Elfer, zwei Stunden Zeit, eine Start- und Landebahn, einen asphaltierten Helikopterlandeplatz, ein mobiles Tennisnetz, zwei Schläger, drei Bälle. Und viele Ahhs und Ohhs. Den Rest erzählen die Fotos. •

„Angelique
ist eine
tolle
Fahrerin.
Aber sie
könnte
später
und
härter
bremsen."

Mark WEBBER

Fahrerwechsel:
Dein Lächeln, wenn du weißt, dass du gleich neben einem
Rennfahrer am Steuer sitzt – er aber keine Ahnung davon hat,
dass ein mobiles Tennisnetz im Kofferraum liegt (oben). Deine
Handbewegung, wenn du einer Wimbledon-Siegerin die
Ideallinie auf Asphalt erklärst (unten).

Große Kunst

Neo Rauch ist einer der gefragtesten Künstler der Gegenwart –
und bekennender Porsche-Enthusiast. Viele seiner Bilder sind rätselhaft,
zugleich von irritierender Schönheit. Sein 911 aber lächelt milde.

Text **Jakob SCHRENK**
Fotos **Sven CICHOWICZ, Uwe WALTER / VG Bild-Kunst**

Nüchterne Arbeitswelt:
Neo Rauchs Atelier wirkt wie eine Werkstatt.
Alte, für die Ewigkeit gebaute Möbel, einfache
Materialien, ein Boxsack. Ein Besucher mag
staunen darüber, doch das Staunen sei es, was
man sich bewahren solle, meint Rauch.

Dem Wahren

Ein wenig wirkt es, als habe Neo Rauch aus sich selbst ein Kunstwerk gemacht. Wie er aus seinem blauen Porsche 911 steigt, mit dieser etwas eckigen Eleganz. Wie er Journalisten, Kollegen, Freunden die Hand gibt, mal mehr, mal weniger gefällig und dabei das Förmliche oder Herzliche auf Zehntelgrade genau dosiert. Der Maler ist an diesem Sommermorgen aus Leipzig nach Aschersleben in Sachsen-Anhalt gefahren, um dort in der Grafikstiftung Neo Rauch die Ausstellung „Die Strickerin" zu eröffnen. Die Schau ist Rauchs Geschenk an seine Frau Rosa Loy zu ihrem Geburtstag. Er trägt ein schwarzes Poloshirt, Jeans und silberne Cowboystiefel. „Natürlich bin ich eitel", sagt der 59-Jährige. „Ich hoffe, jeder Mensch ist es. Uneitle Menschen sind eine Landplage."

Es mag oberflächlich wirken, sich mit der äußerlichen Erscheinung von Neo Rauch zu beschäftigen. Immerhin gilt der gebürtige Leipziger als einer der bedeutendsten Künstler seiner Generation. Er ist so etwas wie die Galionsfigur der Neuen Leipziger Schule, zählt zu den wenigen, die das Metropolitan Museum of Art in New York bereits zu Lebzeiten mit einer Ausstellung ehrte. Seine Werke erzielen Preise im siebenstelligen Bereich. Andererseits liegt Rauch Schönheit am Herzen. So schwärmt er von den Häusern und Gassen Ascherslebens, der ältesten Stadt Sachsen-Anhalts, in der er aufwuchs, und von den sanften Hügeln, die sie umgeben. Ein wenig von dieser Schwärmerei findet sich auch in seiner Kunst wieder. Die druckgrafischen und zeichnerischen Arbeiten, die in Aschersleben gezeigt werden, sind auf den ersten Blick als Rauch-Werke zu erkennen: düstere Landschaften, bevölkert von Soldaten, Arbeitern, geheimnisvollen Mischwesen. Es ist eine Welt, wie sie einem im Traum oder im Albtraum erscheinen könnte, unheimlich, verwunschen — aber gerade in dieser Verwunschenheit auch auf rätselhafte Weise schön. Rauch sagt, Schönheit zu erschaffen, sei nicht sein Ziel, wenn er an die Leinwand trete. Er freue sich aber, wenn ein fertiges Werk so wahrgenommen werde. „Das Schöne macht immer wieder betroffen, macht immer wieder sprachlos und lässt uns innehalten. Das gilt für Kunstwerke, für Landschaften, auch für Menschen, vielleicht auch für Gebrauchsgegenstände."

Die Sprache als Haltung

Die Grafikstiftung residiert in einem architektonisch sehr gelungenen Anbau an eine historische Papierfabrik, die Ausstellungsräume liegen im Obergeschoss. Eine Treppe tiefer, nicht auf der Ebene der Kunst also, sondern auf dem Parkplatz und damit dem staubigen Boden der Tatsachen, steht Rauchs 911. Über seinen Sportwagen spricht er nicht wie ein statistikbesessener Autofan, der Fakten und Kenngrößen referiert, er blickt als Künstler auf das Fahrzeug. „Es hat eine Form, an der ich nicht das Geringste auszusetzen habe. Die Designer konnten der Versuchung widerstehen, das Gesicht dieses Automobils in Richtung einer Schlägervisage zu verzerren. So viele andere Automobile sind auf Krawall gebürstet, wollen ihre Gegner durch Imponiergehabe, aggressives Augenzusammenkneifen, gefletschte Zähne von der Straße fegen. Ein Porsche aber lächelt milde."

Wenn Rauch spricht, schaut er seinem Gegenüber oft nicht ins Gesicht, sondern blickt schräg nach oben, als

Feste Beziehung:
Seit mehr als zehn Jahren stellen Rosa Loy und Neo Rauch gemeinsam aus: „Wir haben festgestellt, dass unsere Bilder besser miteinander harmonieren, als wir dachten", sagt Loy.

Neo RAUCH

Das Xylophon, 2018
247 × 205 cm · Öl auf Papier
VG Bild-Kunst, Bonn, 2018
courtesy Galerie EIGEN + ART,
Leipzig / Berlin; David Zwirner,
New York / London / Hong Kong

Wie verzaubert:
Ein Werk von Neo Rauch erkennt man auf den ersten Blick. Typisch für ihn sind dunkle Farben, rätselhafte Bilderwelten, die ins Träumerische oder Surreale kippen und die nie völlig zu entschlüsseln sind. Kritiker erwähnen immer wieder, wie stark Neo Rauch, der in Leipzig studierte, vom sozialistischen Realismus beeinflusst ist. Er selbst weist lieber auf die Bedeutung der Pop-Art für seine Kunst hin.

Schönen

Rosa LOY

Lied, 2017 · 140 × 100 cm · Kasein auf Papier
VG Bild-Kunst, Bonn, 2018
courtesy Galerie Kleindienst, Leipzig;
Kohn Gallery, Los Angeles; Gallery Baton, Seoul

**DIE AUSSTELLUNG
„DIE STRICKERIN"**

2012 gründete Neo Rauch in
Aschersleben die Grafikstiftung
Neo Rauch. Die Stiftung erhält
seither jeweils ein Exemplar
von Rauchs Drucken und veranstaltet Jahresausstellungen. Die
Werkschau „Die Strickerin" hatte
dabei einen besonderen
Stellenwert: Sie setzte Arbeiten
von Rauch in Bezug zum Werk
Rosa Loys, mit der Rauch
seit mehr als 30 Jahren lebt und
arbeitet. Zu sehen waren rund
140 druckgrafische Werke, Zeich-
nungen und Großformate beider
Künstler. Dabei offenbarten sich
Gemeinsamkeiten und Unter-
schiede ihrer jeweiligen künstle-
rischen Herangehensweisen:
Beide malen figurativ, inszenieren
Fantasiewelten und betonen die
Spannung zwischen Kunst und
realer Welt. Doch während
Rauchs Motive meist düster und
dramatisch sind, drückt sich
Loy zarter und feiner aus.
Den Ausstellungstitel wählte das
Paar, weil es beim Stricken
darum geht, Verknüpfungen zu
schaffen und Stränge miteinander
zu verbinden. Um eine besondere
Verbindung geht es auch in
der aktuellen Ausstellung
„Das Kollegium": Rauch hat
19 Künstlerfreunde und Wegbe-
gleiter eingeladen, ihre Werke
gemeinsam mit seinen auszustel-
len. Diese Werkschau ist noch
bis zum 3. Mai 2020 zu sehen.

GRAFIKSTIFTUNG
NEO RAUCH

Wie gemalt:
Mit den silbernen Cowboystiefeln wirkt Neo Rauch
fast wie eine von ihm selbst gemalte Figur.

stünden die druckreifen Sätze, die aus seinem Mund kommen, irgendwo dort an die Wand geschrieben. Rauch ist eben nicht nur ein Mann der Farben und Formen, sondern auch der Worte. Er liest viel, verehrt zum Beispiel den deutschen Schriftsteller Ernst Jünger. Und er komponiert seine Sätze so sorgfältig wie seine Bilder. „Es ist wichtig, eine ambitionierte und schöne Sprache zu sprechen. Wehe dem, der diesen Aspekt aus dem Blick verliert." Diese Sprache ist für Rauch ein Akt der Höflichkeit, man könnte auch sagen: eine Haltungsfrage. „Der Hang zur Nachlässigkeit, der wohnt auch mir inne. Aber ich merke es wenigstens noch, hebe mich von Zeit zu Zeit selbst auf den Prüfstand und rufe mich zur Ordnung. Doch generell muss ich feststellen, dass sich die Umgangsformen auf einem betrüblichen Niveau befinden."

Rauch spricht in diesem Zusammenhang gern von seinem Lehrmeister Arno Rink, einem der Vertreter der Leipziger Schule, der von seinen Studenten verlangte, dass sie aufstanden, wenn er den Raum betrat. Und der dann auf den wilden Feiern der Kunsthochschule einer der Wildesten war. Zu guten Umgangsformen gehöre eben auch, sich nicht immer nur um sich selbst und die eigenen Befindlichkeiten zu kümmern, sondern sich auch einmal zu vergessen. Und wenn es nur für ein paar Minuten ist.

Geborgen im 911

Auch der Porsche sei für ihn eine Flucht aus dem Alltag, so Rauch. Er habe ihn gekauft, um sich damit über den Auszug seines Sohnes von Zuhause hinwegzutrösten. Unter der Woche fährt er meist Fahrrad. Der Wagen ist für ihn kein Nutzfahrzeug, sondern ein Vergnügungsmobil: „Ich fühle mich rundum wohl im Futteral des Porsche. Es umspielt den Fahrer, ohne ihn einzuengen." Die Autos vieler anderer Hersteller würden immer größer, kämen immer aufgepumpter daher. „Hier ist aber noch unmittelbar spürbar, wie verwachsen Fahrer und Gefährt sind. Eine direkte Verlängerung des Fahrerwillens." Hinter dem Steuer spüre er die eigene Wirksamkeit, erfahre eine Form von Freiheit: „Ich bin im Auto absolut autonom. Selbst im Stau fühle ich mich wohler, als wenn ich in einem Zugabteil mit Leuten säße, die ich nicht kenne, die mir ihren Musikgeschmack aufnötigen." Wirklich vernünftig sei es nicht, einen Porsche zu besitzen, findet der Maler. Aber eben eine Form der Unvernunft, auf die er nicht verzichten wolle, denn: „Man kann alkoholfreies Bier trinken, man kann sich vegan ernähren, Lederschuhe und Automobilität vermeiden – das kann man alles machen, aber wozu? Das Leben ohne Unvernunft, ohne Exzess, ist ein ungenutztes Geschenk."

Auch als Künstler sperrt sich Rauch seit jeher gegen allzu vernünftelnde, rationale, moralische Auffassungen. Er will, dass seine Kunst ein Geheimnis bleibt. Als er durch die Ausstellung führt, bemerkt eine Frau, sie hoffe, dass Rauch nun einige seiner Werke erkläre. Rauch, der Mann der Höflichkeit und der gut gewählten Worte, lächelt sein sanftes Lächeln, schaut wieder schräg nach oben und erwidert: „Erklärung war niemals intendiert. Es geht wohl eher um Verklärung." Und so sieht Neo Rauch wohl nicht nur auf die Kunst, sondern auch auf das Leben, auf den Alltag, vielleicht sogar auf ein Auto. Es geht ihm um die Verzauberung. „Staunen ist wichtig", sagt er noch. „Im Staunen schwingt ja auch so etwas wie Ehrfurcht mit. Wer sich wundert, ist vielleicht ein wenig naiv. Ins Staunen kann jeder kommen, auch der Klügste. Der Antrieb des Staunens ist einer, den man unbedingt bewahren muss." •

G
u
t
e
n

Ziemlich beste Fre

EASY

unde

Die Mitglieder der R Gruppe in Kalifornien frönen seit 20 Jahren
ihrer speziellen Leidenschaft für Porsche – und scheren sich weder
um schlechtes Wetter noch um die Meinung anderer.

Mitglied der R Gruppe zu sein heißt fahren – egal bei welchem Wetter.

EASY

European Auto Salvage Yard: Ein ehemaliger Verwertungsbetrieb für Porsche-Modelle ist heute Treffpunkt der R Gruppe.

Prolog

Ihr versteht uns nicht. Und das hängt ganz eindeutig mit dem Wetter zusammen. Wir Kalifornier kennen nur Sonne. Irgendwer will herausgefunden haben, dass in der Bucht von San Francisco mehr Regen runterkommt als in London. Nur mit einem Unterschied: Bei uns fällt das ganze Wasser praktisch auf einen Schlag. Cabrioletdächer? Sind grundsätzlich offen. Wetterbericht? Uninteressant. Wir wissen, es bleibt die nächsten Monate trocken. Aber dann kommt der Regen. Jedes Jahr im Winter. Ohne Vorwarnung. Vor allem anderen bringen die Bewohner des Golden State ihre Autos in Sicherheit. Wer bei diesem Wetter fährt, der kann nur verrückt sein! Oder einer von uns: ein Mitglied der R Gruppe.

1. Akt: Für immer Mitglied 001

Niemand hat es ihm gesagt. Und niemand wird ihm je sagen können, dass er der Erste ist. Die Mitgliedsnummer 001 erhielt Steve McQueen posthum, der unbestrittene „King of Cool", die Stilikone voller viriler, melancholischer Eleganz, der Schwarm, der Star, der Rennfahrer, der niemals einen anderen spielte als Steve McQueen: unbeugsam, rebellisch, stur. Sein Ideal trägt die kalifornische R Gruppe wie eine Monstranz vor sich her.

Das, was Steve McQueen in seinen Filmen verkörpert – das Unangepasste, das Raue, das Wilde –, ist der Geist dieser außergewöhnlichen Porsche-Fans. „Um bei uns dazuzugehören, muss man schon Nonkonformist sein", sagt Cris Huergas, Nummer 002, Mitbegründer und Präsident. Ernst guckt Huergas nur auf Fotos. Wenn man ihn darum bittet. Aber lieber hat er Spaß. Weil er das Leben nicht so ernst nimmt und sich selbst schon gar nicht. Er hat 1999, als er die Apokalyptiker mehr fürchtete als den angeblich drohenden Weltuntergang, seinen ganz persönlichen Baum auf die Straße gepflanzt, einen Porsche 911 S, Baujahr 1969 – oder das, was er daraus machte: Rennverschlüsse, tiefer, rougher Look; alles im Stil eines klassischen Renngefährts, das gelebt hat. Huergas übersetzte das amerikanische Hot Rod der 1950er-Jahre in das Jetzt der Porsche-Welt. Und gleichgültig, ob man nun *rod* nach Duden mit „Pleuel" übersetzt oder als „Waffe": Es kam ein heißes Eisen dabei heraus. Eines, das aus dem Norden Kaliforniens bis tief in den Süden Hitze ausstrahlte. Dort hatte der frühere Porsche-Designer Freeman Thomas (003) eine ganz ähnliche Idee. Und so begann es.

Der erste Kontakt. Gegenseitige Anrufe. Bald wird mehr daraus. Fünf weitere Bekenner kommen hinzu. Eines der ersten regulären Mitglieder ist Jeff Zwart (011), Rennfahrer, ein guter Freund von Thomas. Zwart

ist Rallyes gefahren, Rundstrecke, aber richtig gut ist er am Berg. Er gewann auf dem legendären Pikes Peak in Colorado mehrfach die Klasse; kaum einer hat häufiger und schneller das Geschlängel der 156 Kurven über knapp 1.500 Höhenmeter hinauf in die Wolken absolviert: 20 Kilometer in deutlich unter zehn Minuten.

Die R Gruppe entsteht. Bewusst wählen sie den deutschen Namen, nicht das englische *group* – eine Hommage an den Porsche 911 R von 1967. Mit dem Motor des 906 Carrera 6 ausgestattet, ist er das Kultobjekt der Gruppe und das Vorbild für die Eintrittskarten: alle Porsche bis 1973. „Vergiss nie, wofür ein Sportwagen gebaut wurde – für sportliches Fahren" lautet das Motto der Enthusiasten. Aus dem Mund von Huergas klingt es wie ein Mantra.

Das erste *Treffen* – nicht *meeting* – findet Mitte 2000 an einem kleinen Hotel in Cambria, Kalifornien, statt, auf halber Strecke zwischen San Francisco und Los Angeles. 30 Autos erwarten die Initiatoren – bestenfalls. Es fahren vor: rund 100 Porsche. Damals wie heute gilt: Weder Fahrzeuge noch Mitglieder sind Mainstream. Cool müssen sie sein, irgendwie, so wie der Rollkragenpullover von McQueen im Mustang von *Bullitt* oder die Erscheinung von Magnus Walker, dem Modedesigner und Autor von *Urban Outlaw*.

Cris HUERGAS

Er ist Mitglied Nummer 002 und gehört zu den sieben Gründern der Gemeinschaft.

„Um bei uns dazuzugehören, muss man schon Nonkonformist sein."

Cris HUERGAS

Mitglieder kann es nur 300 geben. Nicht mehr. Nicht, um auszugrenzen, sondern um die Vertrautheit zu bewahren. „Die R Gruppe ist nicht nur einfach ein Club", sagt Huergas, „sie ist eine Gemeinschaft." Um sie lebendig zu halten, muss sie aktiv sein. Wer nicht mitmacht, ist draußen. Andere rücken mit fortlaufenden Nummern nach.

Eigentlich dachten die Pioniere der R Gruppe, die Gemeinschaft werde mit der Zeit an Attraktivität verlieren. Inzwischen ist klar, dass sie zur Subkultur geworden ist. Sie könnte leicht zehnmal so stark sein, obwohl oder gerade weil sie nach Gegenwehr schreit. Die einen können sie nicht ausstehen, weil sie in arrivierten Kreisen für einen Haufen Möchtegern-Rennfahrer gehalten werden. Andere lehnen sie ab, weil sie sich nicht an vermeintliche Regeln alteingesessener Owner Clubs halten. Wieder andere rümpfen die Nase, weil sie die Autos für billige Nachbauten halten. Huergas kann da nur lachen. Er winkt ab: „I don't give a damn."

2. Akt: Von der Notwendigkeit, unernst zu sein.

Das Clubhaus der R Gruppe: mehr offenes Haus als einsame Trutzburg. Dorthin zu gelangen, ist ganz EASY; das Akronym steht für European Auto Salvage Yard. Das Gelände ist in dem kleinen kalifornischen Ort Emeryville, direkt an der Bucht von San Francisco, zwischen Oakland und Berkeley, beheimatet und liegt in unmittelbarer Nachbarschaft der Pixar Animation Studios, wo Cartoon-Träume wie *Findet Nemo* oder *Toy Story* für das Kino entstehen. EASY hingegen ist ein Ort, an dem Träume einst sehr real endeten: ein Verwertungsbetrieb, spezialisiert auf Porsche-Fahrzeuge, die nicht so viel Glück hatten unter der Sonne Kaliforniens. Zwar wurde der Betrieb der Anlage 2017 eingestellt. Aber noch immer ist das Gelände ein Wallfahrtsort. Dort treffen sich die Mitglieder der R Gruppe – und mit ihnen viele andere Porsche-Enthusiasten aus der Bay Area – jeden ersten Samstagmorgen im Monat. Seit 20 Jahren.

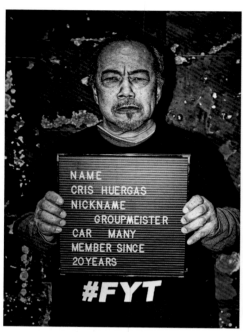

NAME
CRIS HUERGAS
NICKNAME
GROUPMEISTER
CAR MANY
MEMBER SINCE
20 YEARS

#FYT

NAME
JEFF SACCULLO
NICKNAME
THE INSTIGATOR
CAR 1969 911S
MEMBER SINCE
4 YEARS

#FYT

NAME
TROY SAN JOSE
NICKNAME
LOCAL BOY
CAR 1971 911RS
MEMBER SINCE
2 YEARS

NAME
MATT WARWICK
NICKNAME
DICK
CAR 1989 911
MEMBER SINCE
2 YEARS

NAME
RICK SPINALI
NICKNAME
SPARKY
CAR 1969 912
MEMBER SINCE
8 YEARS

NAME
ERNIE WILBERG
NICKNAME
TECHMEISTER
CAR 1968 911R
MEMBER SINCE
20 YEARS

NAME
HUNTER SIMMS
NICKNAME
TURTLE
CAR 1968 911
MEMBER SINCE
2 YEARS

NAME
KOICHIRO KANDA
NICKNAME
KOICH
CAR 1975 S
MEMBER SINCE
1 YEAR

#FYT

NAME
ERIK LIND
NICKNAME
CAPTAIN KAOS
CAR 1980 911
MEMBER SINCE
2 YEARS

„Wir kennen keine Regeln außer denen, die wir uns selbst geben."

R GRUPPE

Sie reden nicht von Punk, sie leben Punk. Aber nie ohne einen Schuss Selbstironie.

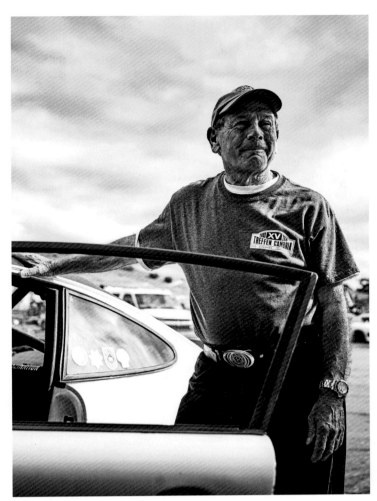

Rick SPINALI

Nummer 720.
Merkmale:
ein kürzeres Bein –
und ein
Porsche 912.

Heute Morgen regnet es. Vielleicht herrscht deshalb nur halb so viel Betrieb wie sonst. Es fehlen die *normals*, wie Huergas sagt, Sammler und Gäste, die ihre Autos notfalls mit Wattestäbchen reinigen. Nicht so die R Gruppe: Kein Wetter kann sie abhalten. Ihre Mitglieder tröpfeln auf den Hof. Ein Grollen, weit entfernt, schnell näherkommend, ein Gasstoß, herumschwingende Scheinwerfer, Vorfahrt. Immer wieder. Beschlagene Seitenfenster blockieren den Blick ins Innere der Sportwagen. Sobald ein Fahrer aussteigt und sich zu seinen Freunden gesellt, beginnen die gegenseitigen Sticheleien.

Rick Spinali (720) kennt das schon. Alle wissen, dass er ein kürzeres Bein hat; deshalb hat er auf das Kupplungspedal ein zweites geschweißt. Doch die Frage danach gehört zum Begrüßungsritual. Sein Porsche 912 aus dem Jahr 1969 wird zwar keinen Schönheitspreis gewinnen, aber auch kein Beschleunigungsrennen verlieren. Dafür gibt es keinen Spott, sondern Anerkennung. Eine Gelegenheit, sich über Jeff Saccullo (750) oder seinen Porsche 356 Baujahr 1960 lustig zu machen, bekommt man nicht. Saccullo lacht nämlich gern und schnell über sich selbst. Er nennt den 356 sein „Warzenschwein", denn „er ist einfach nur hässlich". Trotzdem liebt er ihn. Oder besser: gerade deswegen. Saccullo zögert keine Sekunde mit Spötteleien, vor allem über jene, die bei Regen nicht fahren, weil ihre Autos dann schmutzig würden: „Was ist denn bei euch kaputt, Jungs?"

Steve Hatch (746) kommt an, als der heftigste Schauer des Tages niedergeht. Raunen und Applaus. Mit ihm hatten sie nun wirklich nicht gerechnet, besser gesagt: nicht damit, dass er sein Auto aus der Garage holt. Hatchs 911 von 1970 ist bildschön, ein Fabelwesen in Orange, das man eher beim Concours d'Elegance in Pebble Beach erwarten würde, und zwar bei gedimmter Sonne und einer leichten Brise vom Meer. Und tatsächlich hat Hatch kurz überlegt, ob er losfahren soll – nicht wegen des Sauwetters, sondern weil er sich

anfangs nicht sicher war, ob die Scheibenwischer funktionieren. Denn er hat sie vorher noch nie benutzt. Der Vorbesitzer übrigens auch nicht. Der hat den Sportwagen immer nur geputzt und Hatch einmal sogar zusammengestaucht, weil er es sich erlaubt hatte, den Porsche mit Wasser zu waschen. Mit normalem Wasser! „Der würde wahrscheinlich tot umfallen, wenn er wüsste, was ich hier heute bei diesem Wetter mache." Hatch lacht. Immerhin: Der Scheibenwischermotor schnurrt wie ein Kätzchen.

3. Akt: Das Gesetz der Straße

Dann wird es Zeit zu fahren. Nicht nach Hause, denn das hier ist kein Kaffeeklatsch. 18 klassische Porsche teilen das Wasser auf der Straße und folgen dem Asphaltband der Claremont Avenue direkt hinauf in die Berkeley Hills. Es gibt wenige Dinge, die mehr Spaß machen als eine freie kurvige Straße, Heckmotor und ein gefühlvoller Gasfuß. Mitlenkende Hinterachse? In gewisser Weise hatte ein Porsche die schon immer.

Als die knapp dreißig Köpfe zählende Gruppe zum Mittagessen vor einem Restaurant hält, spricht eine Kleinigkeit Bände: Niemand hat daran gedacht, Plätze zu reservieren. Hastig werden Tische zusammengeschoben. „Chaos gehört bei der R Gruppe dazu", sagt Saccullo mit einem breiten Lächeln. „Man will ja eine kleine Spur hinterlassen, damit man in Erinnerung bleibt."

Epilog

Die Menschen da draußen verstehen uns nicht. Wir sind die R Gruppe. Wir kennen keine Regeln außer denen, die wir uns selbst geben. Aber ihr, ihr versteht uns jetzt. Denn wir sind Porsche-Fahrer. Ihr, wir, dreihundert, dreitausend, drei Millionen – egal: wir alle. ●

Wer modern sein will, muss modern denken

Gutes Industriedesign ist keine oberflächliche Verpackungskunst, sondern eine strategische Komponente. Hartmut Esslinger setzt sich seit Jahrzehnten unermüdlich dafür ein. An Autos schätzt der renommierte Designer formvollendete Symmetrien. Er fährt zwei annähernd baugleiche 911 Carrera S Cabriolets. Eines in seiner nordkalifornischen Wahlheimat. Das andere im Schwarzwald.

Text **Helene LAUBE** Fotos **Albrecht FUCHS**

Esslinger liebt es, seinen 911 Carrera S auf dem Old Santa Cruz
Highway zu bewegen. Wäre die Mittellinie nicht gelb, könnte
dieses Bild auch im Schwarzwald entstanden sein – wohl auch
ein Grund für seine Lust an genau diesem Kurvenband.

„Das Auto braucht keine modischen Knitterlinien, die Proportionen sind dynamisch." Hartmut ESSLINGER

„I like to see

my Porsche

when I come

home."

Blickfang:

Das speedgelbe Cabriolet des Industriedesigners,
in Szene gesetzt vor seinem Haus in Kalifornien.

Designkunstwerke wie der nie in Serie
gegangene Baby Mac von Apple und
Esslingers Vordiplom-Radio von Braun
zieren seine Regale in Los Gatos.

Wer sich dem einzigen modernen
Haus in dieser abgeschiedenen Straße von Los Gatos
nähert, erkennt sofort, wem die automobile Loyalität des
Besitzers gilt. In der Garage leuchtet ein speedgelbes
Porsche 911 Carrera S Cabriolet von 2006 – hinter einem
gläsernen Garagentor – mit dem kalifornischen Kennzei-
chen FROGMUT. „FROG" für die internationale Design-
firma. „MUT" für Hartmut Esslinger, deren Gründer.

Keine Sehnsucht nach Privatsphäre, Herr Esslinger?
„I like to see my Porsche when I come home", nuschelt
der Exildeutsche in seinem typischen Schwarzwald-
Englisch. Er sitzt auf einem Stuhl des Dänen Arne
Jacobsen in seinem Haus im Silicon Valley und trinkt
Espresso. Seit rund 20 Jahren lebt Esslinger mit Ehefrau
Patricia Roller dort, gut zwei Jahrzehnte lang leiteten
sie gemeinsam frog design. Die Kinder sind mittlerweile
ausgeflogen, vor fünf Jahren haben die Eltern endlich
umgebaut. Esslinger: „Ein bisschen Bauhaus, ein bisschen Frank Lloyd Wright."

Und natürlich ein bisschen Esslinger. Schließlich ist
der Hausherr einer der führenden Industriedesigner der
vergangenen Jahrzehnte und frog eine Institution für
revolutionäres Produktdesign. 1969 gründete Esslinger
in Mutlangen bei Stuttgart seine Firma Esslinger Design,
die er 13 Jahre später in frog design umbenannte. Der
Erfolg kam schnell mit seinen legendären Entwürfen:
Der 1974 für Hansgrohe entworfene Duschkopf Tribel
verkaufte sich 15 Millionen Mal. Das Blackbox-Design für
Sonys Trinitron-Fernseher beendete die Holz- und
Zierleisten-Ära in der Unterhaltungselektronikbranche.

Esslingers Formensprache prägt zahllose Produkte
internationaler Konzerne – Disney, Louis Vuitton,
Lufthansa, Microsoft, Olympus und SAP sind nur ein
kleiner Auszug seiner Kundenliste. Aber mehr noch:
Er postulierte als einer der Ersten, dass Design nicht
bloß oberflächliche Verpackungskunst sein darf,
sondern eine strategische Komponente jedes Unterneh-
mens sein muss. Dafür kämpft der Querdenker, der
die Fachhochschule schmiss, weil ihn „die Idee
der Verschönerung und das Elite-Gequatsche vieler
Kollegen" nervten, sein Leben lang.

Keiner beherzigte den Leitgedanken Esslingers mehr als
Apple-Gründer Steve Jobs. Er holte Esslinger 1982 nach
Kalifornien. Der Deutsche sollte Jobs bei der Entwicklung
eines Design- und Farbkonzepts helfen, mit dem sich
seine Computerfirma vom Rest der Branche absetzen
könne. Esslinger entwickelte mit Jobs „Snow White",
eine Designsprache, die jahrelang das Erscheinungsbild
der Apple-Computer bestimmte. Die Arbeit für Apple
bildete das Fundament für Esslingers und frogs globales
Renommee – und für die lebenslange Freundschaft
zweier Nonkonformisten, die kein Blatt vor den Mund
nahmen.

Zwilling:

Hartmut Esslingers Porsche 911 Cabriolet in der
deutschen Ausgabe hat im Gegensatz zum
kalifornischen Bruder Allradantrieb. So macht
der Schnee im Schwarzwald Spaß.

"Ich

liebe

Farben."

„Es war nie langweilig mit ihm", sagt Esslinger und senkt bedrückt seine Silbermähne. Jobs starb 2011 im Alter von nur 56 Jahren. Der Apple-Gründer und Porsche-Fahrer schwärmte für deutsche Autos, erzählt Esslinger. In seinem Buch *Genial einfach – Die frühen Design-Jahre von Apple* schreibt Esslinger, dass er Jobs anhand von Porsche erklärte, Design sei ein Gesamtpaket, das die Seele eines Produkts zum Ausdruck bringen müsse: „Without the excellent driving experience and the history of stellar performance, a Porsche would be just another nice car – but it wouldn't be a Porsche."

Während Esslinger seinen Porsche 911 gerne hinter dem gläsernen Garagentor zeigt, bewahrt er ausgewählte Designstücke dagegen lieber abgeschirmt von Besuchern auf – schwäbisches Understatement eines Wahlkaliforniers. Er hat sie im Schlafzimmer im Obergeschoss versteckt. In schlichten Regalen, teils hinter Glas wie Museumsstücke, stehen Discmans und Walkmans von Sony. Zwei für Steve Jobs gestaltete nachtschwarze NeXT-Computer. Ein Baby Mac, 1985 für Apple entworfen. Der Prototyp erblickte nie das Licht der Welt. Der Industriedesigner, der als Jugendlicher von einer Karriere als Fahrzeugdesigner träumte, hat Dutzende Autos besessen und Sportwagen aller großen Marken ausprobiert. Aber für ihn reicht nichts an das Design und den Fahrspaß eines Porsche 911 heran: Seinen ersten – Silber mit blauem Verdeck – kaufte er 1983. Seitdem ist er bekennender Elfer-Fan. Das Design sei mehr als nur die ikonische Sportwagenlinie, sagt Esslinger: „Die aktive Erfahrung des sportlichen Fahrens, das mechanisch direkte Gefühl der Technik und die Kompaktheit sind authentisch. Das Auto braucht keine modischen Knitterlinien, die Proportionen sind dynamisch." Was erwartet ein einflussreicher Formgestalter wie er von einem Porsche? „Innovation und beherrschte Technik. Man muss merken, dass die Leute in Entwicklung und Produktion mit echter Leidenschaft bei der Sache sind. Ein gespartes Kilogramm ist mehr wert als mehr Leistung – also möglichst wenig Ballast. Im Prinzip ist es ein puristisches Auto."

Esslinger umrundet den 911 in seiner blitzblanken Garage. Der Porsche, 2006 gekauft, sieht aus wie neu. Interieur und Verdeck in Dunkelblau, die fünf Rundinstrumente hinter dem schmalen Sportlenkrad leuchten gelb, genauso wie die Keramikbremsen. „Ich liebe Farben", erklärt der Schwabe, der sich immer bunt kleidet: ausgebeulte Jeans, blauer Strickpullover über blauem Hemd, graue Socken, rote Jacke. Die farbige Verwegenheit eines unerschütterlichen Optimisten und unangepassten

68ers. Und eines Gewohnheitstieres. Denn Esslinger besitzt einen zweiten Porsche 911 Carrera S. Ebenfalls ein Cabriolet von 2006. Ebenfalls in Speedgelb. Ebenfalls mit blauem Verdeck und blauem Interieur. Der Zwilling des kalifornischen Porsche steht in einer Garage im Schwarzwald. Genauer gesagt in Bad Wildbad, um die 100 Kilometer von Esslingers Geburtsort Beuren entfernt. Der Designer hält sich jedes Jahr ein paar Wochen in Deutschland auf. Natürlich will er auch dort Elfer fahren. Neben der Tatsache, dass das eine ein US-Modell, das andere ein EU-Modell ist, unterscheidet die beiden Porsche ein wichtiges Detail: Das Modell in der alten Heimat ist ein Allrad-Elfer. Der in Kalifornien besitzt Heckantrieb, denn „hier schneit's ja nicht".

Aber warum zwei baugleiche, gleichfarbige Cabriolets? „Sicherheit", so Esslinger. Er will nicht von einer ungewohnten Farbe abgelenkt werden. „Wenn ich einen neuen 911 möchte, muss ich gleich zwei kaufen", schmunzelt er und faltet sich in den blauen Sitz – nachdem er die Birkenstock-Sandalen gegen himbeerrote Turnschuhe getauscht, sich eine königsblaue Jacke übergezogen und ein ebenfalls himbeerrotes Tuch mit weißen Punkten um den Hals geschlungen hat. Esslinger wählt seine Lieblingsstrecke. Der Old Santa Cruz Highway, eine kurvenreiche Straße durch die spärlich besiedelten Santa Cruz Mountains, die Los Gatos und das Silicon Valley vom Pazifik trennen. Der Elfer windet sich die Landstraße in Richtung der „Surfer City" Santa Cruz entlang. Das Speedgelb harmoniert mit dem gelben Mittelstreifen, dem wildwuchernden Grün und den rotbraunen Stämmen der Redwoods, die aus der Froschperspektive im 911 noch höher in den Himmel zu wachsen scheinen. Diese Strecke habe etwas Meditatives, so Esslinger, der beim Fahren anstatt Musik meist lieber den Sound des Motors genießt.

Esslinger und seine Frau haben frog vor ein paar Jahren verkauft, sind aber weiterhin die größten privaten Anteilseigner. Er hat sein Tempo seit dem Ausstieg 2008 kaum gedrosselt. Er ist Chief Design Officer des chinesischen Medien- und Technologiekonzerns LeEco (vormals Letv), unterrichtet strategisches Design an der von ihm mit aufgebauten DeTao Masters Academy in Shanghai und berät CEOs bei der Entwicklung globaler Marken. „Ich bin arbeitswütig", räumt Esslinger ein. Er stellt seinen Porsche am Strand des Big Basin Redwoods State Park ab und genießt den aufgewühlten Pazifik. „Aber ich nehme mir regelmäßig die Zeit und fahre in meinem 911 hier hinaus, um auf andere Gedanken und neue Ideen zu kommen." •

IMPRESSUM   CHRISTOPHORUS Edition – Porsche-Magazin Sonderausgabe

Christophorus Edition, 2019, ISSN 2626-4900; Preis pro Heft: 15 Euro • **Christophorus im Internet:** christophorus.porsche.com • **Herausgeber:** Dr. Ing. h.c. F. Porsche Aktiengesellschaft, Dr. Sebastian Rudolph
Leitung Corporate Publishing: Sabine Schröder • **Geschäftsführung Christophorus:** Jörg Walz (komm.) • **Distribution / Koordination:** Simone Kühner, Christina Hettich, Katharina Gruber
Redaktion: Delius Klasing Corporate Publishers (DKCP); Chefredaktion: Edwin Baaske, Redaktion: Thorsten Elbrigmann, Heike Hientzsch; Projektmanagement: Marco Brinkmann, Stephanie Bremer; Bildredaktion: Markus Bolsinger; Produktionsleitung: Dimitrios Kigmas • **Gestaltung:** design hoch drei GmbH & Co. KG; Creative Direction: Wolfram Schäffer; Art Direction: Ioannis Karanasios • **Kontakt:** Dr. Ing. h.c. F. Porsche AG, Christophorus, Porscheplatz 1, 70435 Stuttgart, Deutschland; Telefon: +49-711-911-25278, E-Mail: christophorus@porsche.de • **Herstellung und Druck:** Neef & Stumme, Wittingen, Deutschland. Printed in Germany. Alle Rechte vorbehalten. Nachdruck, auch auszugsweise, nur mit Genehmigung des Herausgebers. Für die Rücksendung unverlangt eingegangener Fotos, Dias, Filme oder Manuskripte kann keine Gewähr übernommen werden.
Abonnements: Porsche-Fahrer in Deutschland erhalten das Porsche-Magazin *Christophorus* über das für sie zuständige Porsche Zentrum. Sonstige Abonnements (In- und Ausland): ABO Porsche, c/o Klambt-Verlag, Im Neudeck 1, 67346 Speyer, Deutschland; Telefon: +49-6232-310-214, Telefax: +49-6232-310-215, E-Mail: abo.porsche@klambt.de. Das Abonnement läuft mindestens ein Jahr und wird für diesen Zeitraum auch abgerechnet. Zahlung bitte erst nach Eingang der Rechnung.

PEFC
PEFC/04-31-0741

In
der
Welt

der

Wikinger

Island ist Kult: gut 100.000 Quadratkilometer Landfläche, rund 360.000 Einwohner, größte Vulkaninsel der Erde. Das Land ist ein eigener Kosmos, eine Welt aus Mythen, extremer Natur und leidenschaftlichen Menschen. Ein Besuch beim Porsche Club Island, der selbst für die isländische Autorin zum Ausflug in eine fremde Welt wurde.

Text Hrefna GYLFADÓTTIR Fotos Stefan BOGNER

Rundfahrt: Die Insel lässt sich per Auto am besten auf der Hringvegur, der berühmten Ringstraße, umrunden.

„Aus dem Cockpit eines Porsche betrachtet, ist die Natur Islands noch fantastischer."

Pétur LENTZ

„Ich bin Flugkapitän bei Icelandair und Präsident des Porsche Club Island. Der Club ist eine fröhliche Gemeinschaft Gleichgesinnter – und natürlich auch Eigensinniger. Denn auf Island Porsche zu fahren, ist ein bisschen verrückt. Aber das Fahrerlebnis in einem Porsche ist jedes Mal intensiv und faszinierend. Das gibt es in keinem anderen Auto."

Einar Hörður SIGURÐSSON

„Mein Porsche 356 B ist fast so alt wie ich. Und wie mich gibt es dieses Auto nur ein einziges Mal in Island. Der Porsche ist von so einer unglaublichen Qualität. Ich fahre ihn jetzt seit bald zehn Jahren und bin immer wieder verwundert: Jeden Tag, den er altert, bringt er mir mehr Fahrspaß."

„Auf Island einen alten Porsche zu fahren, ist befreiend und inspirierend."

Roadtrip: Mit einem Porsche Macan geht es in den stürmischen Norden der Insel – von prächtigen Farben umgeben.

SideKICK

▶ **Ruhe und Kraft**

Zwei Welten. Ruhe und Kraft. Feuer und Eis. Das ist Island. Pétur Lentz hat uns dorthin geflogen. Mit an Bord war ein Porsche Panamera ST Turbo S E-Hybrid, den Pétur unbedingt in seiner Heimat erleben wollte. Er genoss die Fahrt im Hybrid, war beeindruckt von der Beschleunigung — wir von der Landschaft. Es entstand ein Film mit starken Bildern, für immer festgehalten im *9:11 Magazin*.

„Der Motorenklang eines Porsche ist der perfekte Soundtrack zu unserer Landschaft."

Berglind JÓHANNSDÓTTIR

„Zum Glück ist mein Mann zu groß gewachsen: Er passt nicht in meinen Cayman. Aber er schnappt sich oft ungefragt meinen Cayenne. Auch er liebt die Kraft meiner Porsche. Ein Porsche-Fahrer auf Island scheint immer noch nicht alltäglich zu sein. Mir fällt auf, wie viele Menschen verwundert schauen, wenn sie mich am Steuer meines Wagens sehen."

„Die Porsche-Saison auf Island – der Sommer – ist kurz. Aber ich genieße jede Minute im Auto."

Baldvin Þór ELLERTSSON

„Das Heck eines Elfers ist die schönste Ansicht, die man sich vorstellen kann – der schönste Hintern aller je gebauten Autos. Fantastisch, dass es genau die Ansicht ist, die die anderen Autofahrer auf Island von meinem Porsche zu sehen bekommen."

Porsche Club ISLAND

Die nördlichste Porsche-Club-Dependance
wurde von Pétur Lentz im Jahr 2006
gegründet und zählt heute mehr als 80
Mitglieder. Der Initiator ist nach wie
vor Präsident des Clubs.

D

as Abenteuer Island beginnt lange
bevor diese Geschichte anfängt. Es beginnt mit Pétur
Lentz, dem Präsidenten des Porsche Club Island.
Er ist Pilot bei Icelandair. Mit einer Boeing 757 fliegt er
über den Nordostatlantik nach München, um einen
Bekannten abzuholen, den Fotografen Stefan Bogner.
Beide hatten zuvor schon zusammengearbeitet:
im Rahmen eines Fotoprojekts, das die einsamen und
skurrilen Orte der Insel zum Thema hatte. Diesmal
steht der Porsche Club im Mittelpunkt.

Unter den schnell vorüberziehenden Wolken, durch die
Sonnenschwerter blitzen und aus denen immer wieder
Wassersäulen herabstürzen, erreiche ich das Haus
von Pétur Lentz in Garðabær, unweit von Reykjavík.
Typisches Wetter für Island, alles ganz normal. Stefan
Bogner sortiert vor dem Haus sein Kamera-Equipment
und schwärmt von der atemberaubenden Weite, von
der klaren Luft und den unglaublichen Farben unserer
Insel. „Das Wetter ändert sich hier gefühlt alle zehn
Minuten", verkündet er und blickt sich um – Zustim-
mung fordernd. Wir Isländer um ihn herum, alle außer
mir Clubmitglieder, zucken höflich mit den Schultern,
wissen aber nicht so genau, was an Bogners Erkenntnis
so besonders ist. Ja, Wetter ändert sich bei uns, gerne
auch minütlich. Ja, Weite gibt es hier kostenlos, schon
immer. Ja, die Luft ist klar, es sei denn, ein Vulkan hustet.
Es ist ja nicht so, dass Isländer nicht wüssten, dass die
unzähligen Grüntöne der Landschaft bei Besuchern
einen Flash auslösen. Aber wir können uns ja nicht jeden
Tag gegenseitig sagen, wie besonders unsere Norma-
lität ist. Wenn wir auf dem Kontinent sind, beeindruckt
uns auch manches, aber wir reden nicht groß darüber.
Bisweilen werden Isländer als unkommunikativ oder gar
kauzig bezeichnet – ein weitverbreitetes Vorurteil,
vielleicht auch einfach nur eine trotzige Behauptung all
der Menschen, die in Island übertriebene Freundlichkeit
und oberflächliches Begrüßungslächeln erwarten.

Mit knapp über 100.000 Quadratkilometern ist Island
der zweitgrößte Inselstaat Europas, nur das Vereinigte
Königreich hält noch mehr Fläche bereit. Auf der
nur im Sommer grünen Insel mit den vielen Vulkanen,
Flüssen und Seen leben etwas mehr als 360.000
Menschen. Fast 300.000 davon sind gebürtige Isländer.
Irgendwie ist man also unter sich in diesem Land mit
den milden Wintern und den kühlen Sommern, in denen
die 20-Grad-Marke auf dem Thermometer nur selten
geknackt wird. Ein Auto ist angesichts der Weite sehr
wichtig für die Isländer, rund 75 Prozent der Insulaner
nutzen es täglich.

Während Bogner noch von den Eindrücken der Insel von
oben und dem Flug mit dem Clubpräsidenten schwärmt
und ich über die Wichtigkeit eines automobilen Fort-
bewegungsmittels auf einer so dünn besiedelten Insel
nachdenke, stehen die Clubmitglieder bereits an ihren
Sportwagen. Eine Ausfahrt ist geplant. Die Vorfreude
ist spürbar. Fast unisono erklären die Porsche-Fans,
dass sie ihre Sportwagen bei den extremen Witterungs-
bedingungen jenseits der Sommermonate Juni bis
August eher selten aus den Garagen holen. Heute
jedoch machen sie eine Ausnahme. Regen, eisige Kälte,
ein Fotograf, gute Laune, das passt schon. „Einen historischen Porsche zu besitzen", betont Sigfús Bergmann,
Vizepräsident des Clubs, „ist auch eine kluge Geld-
anlage." Es stellt sich die Frage, ob sich Leidenschaft,
wie man sie in Bergmanns Augen lesen kann,
wirklich in Zahlen ausdrücken lässt und ob man
es überhaupt versuchen sollte.

Pilot Lentz holt mich zurück auf den Boden. Er fährt
seinen Porsche Carrera 4 der Baureihe 964 vor,
dreht eine schnelle Runde auf dem nassen Asphalt und
meldet zufrieden, dass der Allrad-Klassiker auf dem
glitschigen Terrain bestens zurechtkomme. Tief einge-
graben in die braunen Ledersitze, lausche ich dem Klang
von Frank Sinatras *Moon River*, fühle mich geborgen,
denke über den Liedtext aus dem Kultfilm *Breakfast at
Tiffany's* nach, schließe die Augen, stelle mir vor, ich
wäre Audrey Hepburn, träume. Ich folge Bogners Blick
und beginne, seine Begeisterung für unsere Insel aus
Nichts und ewigen Bergen, aus Moosen und Millionen
von Gräsern zu verstehen. Für ihn ein Rausch. Für mich
ein Spiegel, der mir meine Heimat aus einer anderen
Perspektive zeigt.

Der Fahrtwind greift nach uns

Weiter auf der Þingvallavegur, einer Straße, die durch
einen Nationalpark führt und für viele als schönste
Strecke der Insel gilt. Hier hellt das grelle Sonnenlicht
den feuchten Boden auf und lässt den Horizont glitzern.
Lentz gibt etwas mehr Gas, beschleunigt uns und die
Porsche-Familie in seinem Windschatten. Der Fahrt-
wind greift nach uns, ich spüre die Weite, während wir
über das endlos lang scheinende und leere Asphaltband
fahren, Sinatra im Ohren, den Wind durch das
leicht geöffnete Fenster in den Haaren. Grün die Natur,
dunkelgrau die Straße und ein leichtes Prickeln
von der eiskalten Feuchtigkeit im Gesicht. Ein Blick auf
den Tacho zeigt mir, dass wir noch nicht einmal die
erlaubte Höchstgeschwindigkeit von 90 km/h erreicht

haben – in einem Porsche 911 ist auch Geschwindigkeit
keine Frage purer Zahlen. Lentz scheint meine
Gedanken zu lesen, er sagt: „Beim 911-Fahren geht es
um die Freude an den Kurven, nicht um die bloße
Geschwindigkeit." Und beim Clubleben, worum geht es
da? Der Präsident lacht: „Es geht um das Miteinander.
Es geht darum, den Porsche-Spirit zu teilen."

Suppe statt gekochtem Schafskopf

An einem Fjord, aus dem plötzlich ein gigantischer
Schwimmwagen klettert, steige ich um in den weißen
Porsche Macan S Diesel von Petúr Haraldsson. Auf
der Straße Grafningsvegur bestaune ich die Aussicht,
die selbst für mich als Einheimische spektakulär ist:
dunkelgrauschwarze vulkanartige Berge im Hintergrund,
senfgelber Farn am Straßenrand, der sich im Wind
biegt, über uns fliegen Vogelschwärme, am Horizont
warten kleine enge Kurven und noch mehr Berge in allen
erdenklichen Grau- und Grüntönen. Bogner fotografiert
aus einem alten 911 Cabriolet heraus, dick eingemummt
mit Schal und Mütze, die Jacke bis zu den Ohren hoch-
gezogen. Wir fahren durch Grafningur im Südwesten
der Insel am Úlfljótsvatn-See vorbei. Die Sonne wechselt sich mit Nieselregen ab, der Asphalt ist hier und
da mit Pfützen bedeckt. Die Autos werden von Stunde
zu Stunde schmutziger, die Temperatur ist deutlich
gefallen. Wir halten an einem winzigen Laden in der
Nähe des Sees und löffeln Suppe zum Aufwärmen. Die
Legende besagt, wir Isländer essen gerne marinierten
Hering oder gekochte Schafsköpfe. Aber ich liebe
Suppe, und die anderen auch.

Wir kehren um. Zurück nach Reykjavík. Für mich endet
die Ausfahrt an diesem Abend in der Inselhauptstadt.
Lentz und seine Freunde hingegen starten zu einem
Dreitagestrip rund um die Insel, zuerst in Richtung
stürmischer Norden. Ganz im Sinne der Fotografie. Sie
werden die kommenden drei Nächte in drei verschie-
denen isländischen Städten verbringen: Akureyri,
Egilsstaðir und Kirkjubæjarklaustur. Auf ihrer Reise
mit einem Porsche Macan werden sie eine Serie
von Bildern produzieren, die der poetischen Kraft der
isländischen Landschaft huldigt – und zuweilen
auch dem Linienspiel des Porsche-SUV. •

Porsche Macan S (2019)

Kraftstoffverbrauch innerorts: 11,3 l/100 km
außerorts: 7,5 l/100 km
kombiniert: 8,9 l/100 km
CO_2-Emission (kombiniert): 204 g/km
Effizienzklasse Deutschland: D · Schweiz: G

Zurück in die Zukunft

Vor 125 Jahren startet in Paris der erste Automobilwettkampf der Welt.
In der Saison 2019/2020 startet Porsche erstmals in der Formel E.
Damals wie heute geht es um die Zukunft des Motorsports. Spannende Zeiten
für Porsche – und Neel Jani.

Text **Christina RAHMES**   Fotos **Anja BEHRENS**, **Jérôme RAPILLARD**

Ein Treffen in Paris:
Mit dem Rennfahrer Neel Jani geht es im Porsche 911 Carrera S Cabriolet aus der Stadt hinaus Richtung Rouen, ungefähr auf der Strecke des ersten Automobilwettkampfes der Welt von 1894.

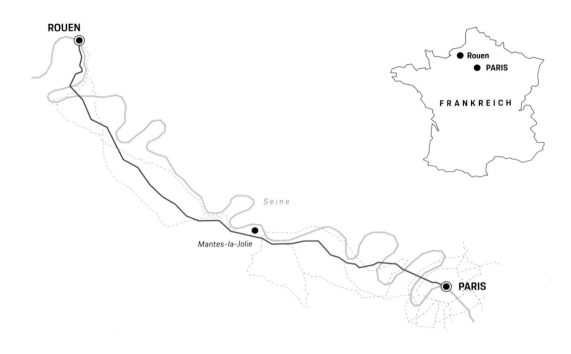

Nah am Fluss:
Die Strecke von Paris nach Rouen
führt entlang der Seine.

W

ie viele Burger er damals für
einen Satz Reifen an seinem Gokart verkaufen musste?
Neel Jani muss kurz überlegen. Zahlen und Spielereien
faszinieren ihn, seit er rechnen kann. Er sitzt mit
seiner Frau Lauren im Burger-Restaurant *Jack & Joey* in
Mantes-la-Jolie, gut 50 Kilometer nordwestlich von
Paris, und erinnert sich an die Zeit, als er mit 13 Jahren
im Schnellrestaurant seiner Eltern aushalf, um erst
erwachsen und dann Rennfahrer zu werden. Sein letztes
Rennen im Gokart fällt ihm ein: Er fährt es in Gedanken
nach, sitzt Zentimeter über der Straße, sucht die Linie,
bremst an, lenkt so wenig wie möglich, um das Material
zu schonen. Er blickt auf, ist wieder ganz im Hier
und Jetzt. Die Mittagsrast ist vorbei. Es geht weiter.
Draußen wartet das neue Porsche 911 Carrera S
Cabriolet.

Gestartet sind sie in Paris, ihr Ziel heißt Rouen. Sie
werden für die noch knapp 90 Kilometer von Mantes-la-
Jolie in die Hauptstadt der Normandie Stunden
brauchen – eine ausgedehnte Reise zurück in die
Zukunft, Spurensuche dort, wo vor 125 Jahren
alles begann. Automobilgeschichte. Geburtsstunde
des Motorsports.

Mit Neel Jani startet das neue Formel-E-Werksteam
von Porsche nun in die sechste Saison der weltweit
ausgetragenen ABB FIA Formula E Championship. Der
Schweizer, seit 2013 Porsche-Werksfahrer, ist der erste
Pilot, den der Stuttgarter Sportwagenhersteller dafür
verpflichtet hat, ein Mann mit Speed, Erfahrung in der
Formel E und als Entwicklungsfahrer eine etablierte
Größe in einem technologisch zukunftsweisenden Programm. Am Steuer des Porsche 919 Hybrid wurde er
2016 mit seinem Team Le-Mans-Gesamtsieger und
FIA-Langstreckenweltmeister. Mit dem 919 erzielte
der heute 36-Jährige von 2014 bis einschließlich 2017
vier Siege, neun Poles und vier schnellste Rennrunden.
2018 gelang ihm mit dem 919 Hybrid Evo im belgischen
Spa-Francorchamps eine Bestzeit, mit der er Lewis
Hamilton und dessen Formel-1-Streckenrekord ziemlich
alt aussehen ließ.

In Frankreich gönnt sich Jani eine Auszeit von seinem
anstrengenden Testprogramm – Verbindung von gestern, heute und morgen. Beginn am Boulevard Maillot
im Nordwesten von Paris. Dort, wo am 22. Juli 1894
das erste Rennen der Automobilgeschichte startete:
Paris – Rouen, ein „Wettbewerb für Wagen ohne Pferde",
ausgerufen von Pierre Giffard. Der Chefredakteur der
Pariser Zeitung *Le Petit Journal* wollte demonstrieren,
dass dem Automobil die Zukunft gehört. Mehr als 100
Fahrer meldeten sich an, 21 Fahrzeuge bestanden die
technische Abnahme, Fahrzeuge mit Benzin-, Dampf-
oder Gasmotoren, auch – ausdrücklich erwünscht – mit
Elektroantrieb. Tonnenschwere Ungetüme trafen auf
leichte Dreiräder; Lieferwagen und Busse auf filigrane
Benzingefährte. Die 5.000 Francs Preisgeld gebührten,
so die Ausschreibung, nicht dem schnellsten Fahrer,
sondern demjenigen, der das ungefährlichste, am

Vogelperspektive:
Auf einem Streckenabschnitt oberhalb der
Seine entfaltet das lizardgrüne Porsche
911 Carrera S Cabriolet seine ganze Dynamik.

Kurzer Abstecher:
Bei Vernon steht am Ufer der Seine
Le Vieux Moulin („Die alte Mühle").
Sie diente dem impressionistischen
Maler Claude Monet oft als Motiv.

Über Brücken:
Im Laufe der Ausfahrt mit dem neuen
Porsche 911 Carrera S Cabriolet
überqueren Neel Jani und seine Frau
Lauren die Seine nicht weniger als fünf
Mal. Auf der alten Brücke von Limay
(hinten) drehte Regisseur François
Truffaut die berühmte Schlussszene
seines Filmklassikers *Jules und Jim*.

„Damals ging es ums Ankommen – heute geht es um Effizienz."

Neel JANI,
Formel-E-Pilot

leichtesten zu bedienende und günstigste Gefährt präsentierte. Um 8:01 Uhr senkte sich die Flagge. Der Endpunkt der Zuverlässigkeitsfahrt, die Esplanade du Champ de Mars im 126 Kilometer entfernten Rouen, war zwölf Sollstunden entfernt. 17 Teilnehmer schafften es: geschunden, verstaubt, erschöpft.

„Wir können uns nicht ansatzweise vorstellen, was das Rennen damals für Menschen und Material bedeutet hat", sagt Jani. „Und heute haben wir keine Ahnung davon, wie wir uns in 125 Jahren fortbewegen." Sicher ist nur: „Mit Autos, wie wir sie kennen, wird das nichts mehr zu tun haben. Damals wollte man zeigen, dass ein Fahrzeug mehr als 100 Kilometer zurücklegen kann. Es ging ums Ankommen. Heute geht es um Effizienz."

Jani startet den Motor des 911 Carrera S Cabriolets. Die exakte Route von Paris nach Rouen kann er nicht nachfahren, die aufgeschütteten Schotterpisten von 1894 sind Autobahnen und Landstraßen gewichen.

Auch die enorme Kraftanstrengung dieser Wettfahrt und die mitschwingende Aufbruchstimmung lassen sich schwer erahnen, wenn man im jüngsten Elfer sitzt, der achten Generation einer Ikone, bestehend aus dem Besten aller Vorgänger und dem Innovativsten der Jetztzeit. 331 kW (450 PS). Nur 3,7 Sekunden von 0 auf 100 km/h mit optionalem Sport Chrono-Paket. Satte 306 km/h Höchstgeschwindigkeit. Vor 125 Jahren beträgt die Durchschnittsgeschwindigkeit von Paris nach Rouen 17,5 km/h.

Erst wenige Tage vor dieser Ausfahrt ist Jani in Le Mans sein vorerst letztes Rennen in der FIA Langstrecken-weltmeisterschaft (WEC) gefahren. „Wenn Porsche dir die Chance gibt, als erster Fahrer in der Geschichte der Marke für das Werksteam in der Formel E zu fahren, dann musst du Prioritäten setzen." Er freut sich auf die Formel E, aber der Respekt ist groß. Vor der Leistungs-dichte, den handverlesenen Fahrern, den Strecken. Die Formel E findet dort statt, wo auch die Elektromobilität

in Zukunft stattfinden wird: im urbanen Raum, in den Ballungszentren dieser Welt. Rennen auf den Straßen der Megacitys haben ein besonderes Flair. Sie kommen zu den Menschen, nicht umgekehrt.

Porsche ist in der beginnenden Saison das einzige Team, das bei Null startet. Außerdem ist die Formel E die erste Rennserie überhaupt, für die Porsche kein komplett eigenes Auto einsetzt. Denn 80 Prozent der Bauteile eines jeden Rennwagens sind in der Formel E iden-tisch. Eigenentwicklungen sind jedoch an sämtlichen Antriebskomponenten erlaubt – am Elektromotor, Inverter, Getriebe, an der Hinterradaufhängung oder der Software. Feinjustierung entscheidet über Sieg oder Niederlage. Und manchmal auch ein wenig Glück. „Unser Formel-E-Rennwagen ist bereit, es geht bei maximal 15 erlaubten Testtagen und vielen Simula-torstunden nur noch um Details", sagt Jani. Ziel ist nicht nur die perfekte Fahrzeugabstimmung, das Set-up, sondern auch ein detaillierter Plan zum

Zeit zu zweit:
Mit seiner Frau Lauren unterwegs. Der Schweizer genießt die
Entspannung mit ihr. Eine willkommene Abwechslung zur
Konzentration auf dem Racetrack, die er dennoch nicht missen will.

 Ziel erreicht: Die Janis auf der Esplanade du Champ de Mars in Rouen, wo vor 125 Jahren auch das erste Rennen der Motorsportgeschichte endete.

„Der Fahrer macht den Unterschied." Neel JANI

Energiemanagement. Die Erwartungshaltung ist hoch, Jani zuversichtlich. Ein Podiumsplatz sollte schon drin sein, findet er. Wie damals, vor drei Jahren, als er mit Romain Dumas und Marc Lieb das 24-Stunden-Rennen in Le Mans für Porsche entschied. „Du kannst Le Mans nicht gewinnen", weiß Jani. „Le Mans lässt dich gewinnen – oder eben nicht." Aus elf Jahren Le Mans in Folge nimmt er vieles mit in die Formel E, „vor allem Geduld". Er fährt nach Mantes-la-Jolie, wo die Teilnehmer vor 125 Jahren ihren 90-minütigen Mittagsstopp einlegten, etwa drei Stunden nach dem Start in Paris. Lauren und Neel Jani schauen sich Fotos an. Vor ein paar Jahren auf seine Familienplanung angesprochen, sagte Jani: „Erst einmal möchte ich in Le Mans gewinnen, dann denke ich über Kinder nach." Dann kam der Sohn. Jetzt kommt die Formel E.

Der Porsche biegt nach links auf eine kurze Schotterpiste ab. Hohe dichte Hecken versperren den Blick auf die Parkanlagen und das Schloss Bizy in Vernon in der Normandie. Die Janis sind willkommen und dürfen den Porsche 911 im Innenhof abstellen. Das Gebäude steht unter Denkmalschutz, im Volksmund wurde es früher „Klein-Versailles der Normandie" genannt.

Das Ziel erreichen sie bei Einbruch der Dämmerung: Rouen, Stadt der 100 Kirchtürme, die Gotik der Kathedrale, Gassen wie im Mittelalter. Auf dem alten Markt wurde 1431 die Nationalheldin Johanna von Orléans verbrannt, ein Stein erinnert daran. Es bleibt nicht viel Zeit dafür. Zu viele Zwischenstopps, sie haben den Tag genossen, sich treiben lassen im Cabriolet, immer wieder an der Seine angehalten, eine alte Mühle besichtigt, Brücken fotografiert, beim internationalen 24-Stunden-Motorbootrennen von Rouen zugeschaut. Aber noch immer verrät Jani nicht, wie viele Hamburger er vor 22 Jahren für einen Satz Gokart-Reifen verkaufen musste. Also eine Schätzfrage:

Wo wird Porsche am Ende der ersten Formel-E-Saison 2020 stehen? „In den ersten acht Rennen der laufenden Serie gab es acht verschiedene Gewinner", sagt er. „Technisch ist so vieles gleich, der Fahrer macht den Unterschied." Jani steigt aus und läuft zum Springbrunnen an der Esplanade du Champ de Mars. Er dreht sich um und lächelt. „Ich bin noch nirgendwo in meinem Leben angetreten, um nicht irgendwann ganz oben auf dem Podest zu stehen." •

Porsche 911 Carrera S Cabriolet
Kraftstoffverbrauch innerorts: 11,6 l/100 km
außerorts: 7,6 l/100 km
kombiniert: 9,1 l/100 km
CO_2-Emission (kombiniert): 208 g/km
Effizienzklasse Deutschland: F · Schweiz: G

A
ART
T

Der Franzose Etienne Salomé ist Autodesigner und Künstler. In seinen Arbeiten beschäftigt er sich mit Geschwindigkeit – und damit, wie man sie kontrolliert.

Text **Jan VAN ROSSEM** Fotos **Oliver ZUPANCIC**

Den Moment festhalten:
Salomés Sprung, am höchsten Punkt von der Kamera eingefangen, ist wie ein Sinnbild seiner Kunst.

Rundschau

Jedes Rad ein Kunstwerk für sich, jedes mit einer besonderen Bedeutung in der Geschichte von Porsche.
Etienne Salomé ist Fan der Marke, schon immer. Das ist der Ursprung seiner Kunst.

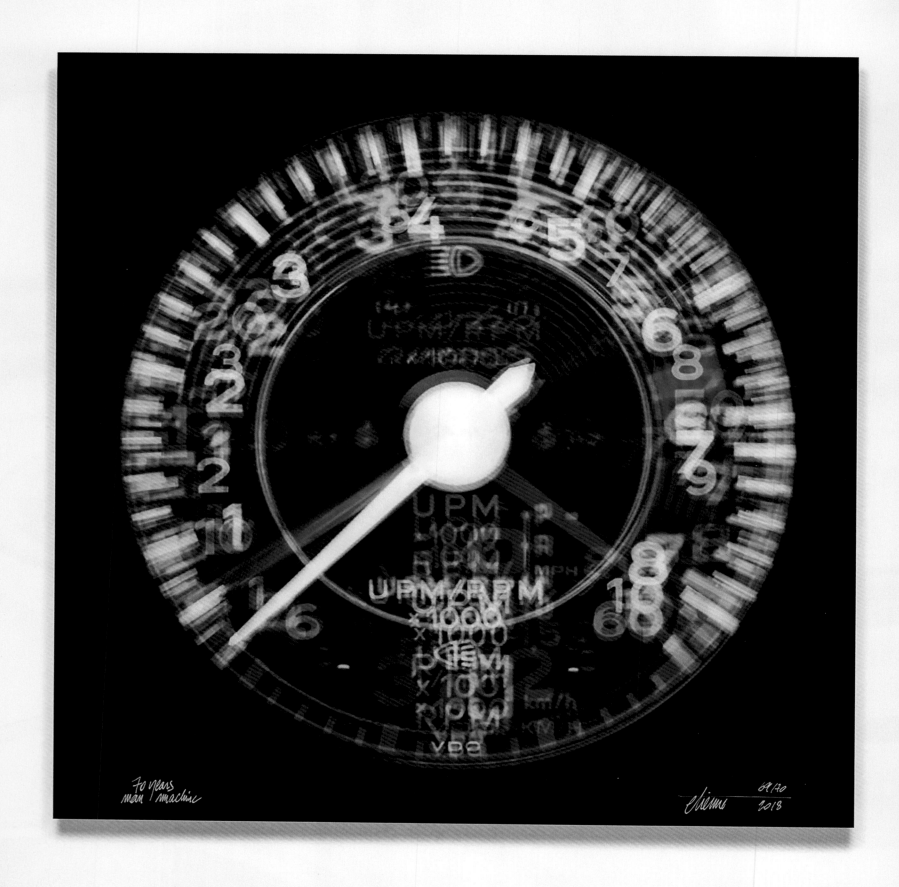

:: Drehmoment

Tourenzähler aus gut 70 Jahren Porsche-Historie wirken, übereinander gelegt, wie die nie gesehene
Essenz des Sportwagen-Designs: atemberaubend dynamisch. Wegsehen unmöglich.

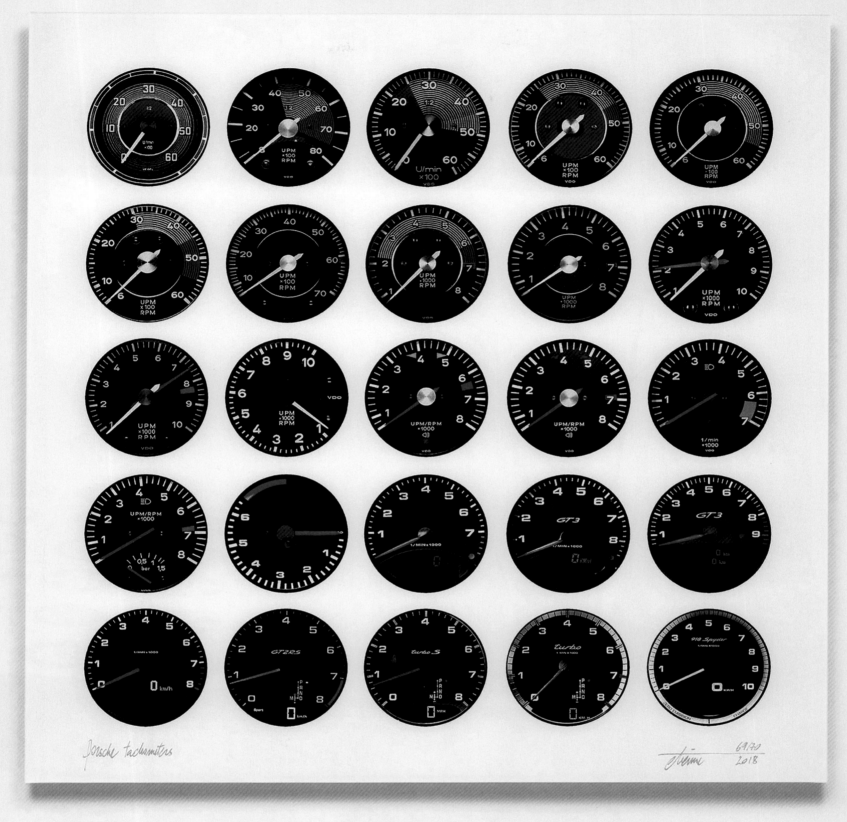

Pulsschlag

Salomé nennt seine Arbeiten „Adrenalinkunst"; hier konzentriert auf das Warten
vor dem Start. 25 Mal Anspannung, Erwartung – Rennfieber.

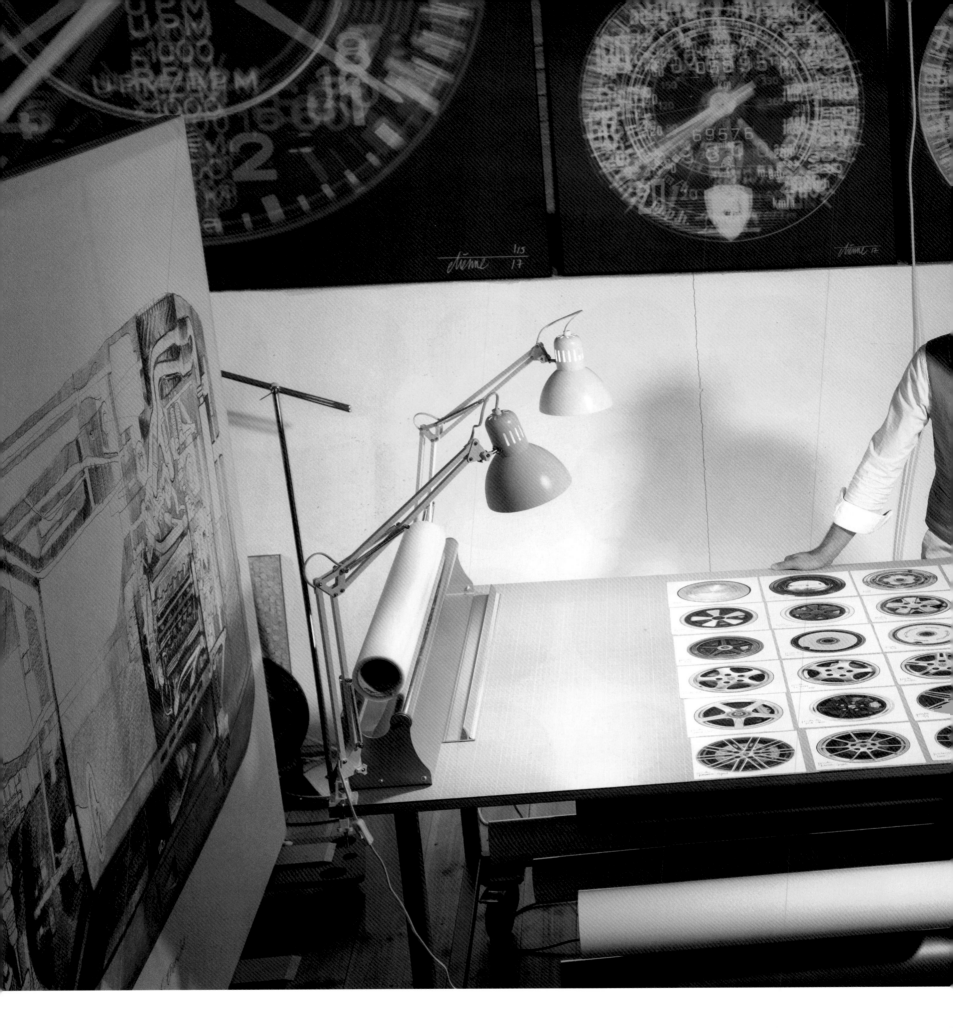

Rohstoff

Die Aufnahmen aus dem Porsche Museum verdichten sich
im Atelier zum Kunstwerk.

 Schichtarbeit

Für den *Christophorus* wählte Etienne Salomé 25 Porsche-Felgen aus
und erstellte damit ein Multipicture.

„Die Überlagerung friert Geschwindigkeit und Zeit zu einem einzigen Moment ein."

Etienne SALOMÉ

Nur um die Mittagszeit lässt sich die Sonne kurz am Himmel sehen. Wenn überhaupt. Es ist bitterkalt, minus 20 Grad. Der See ist metertief zugefroren. Genau deshalb sind sie hier, im schwedischen Lappland bei Arjeplog. Am Ufer warten zwölf warmgelaufene Porsche 911 auf ihren Einsatz. Vorsichtig, fast zögerlich, tasten sich die Fahrer in ihren Autos auf das Eis, zu einem Tanz der besonderen Art: Geübt wird der vollendete Drift.

Etienne Salomé schließt die Augen. Er war einer dieser Fahrer. Wenn er heute, fünf Jahre später, daran denkt, ist es ihm, als sei es gestern gewesen: Gas geben, einlenken, die Balance finden – und dann einen geschmeidigen Kreis auf das Eis zirkeln. Geschwindigkeit begeistert ihn. Er war zwölf, als ihn sein Vater das erste Mal zu den 24 Stunden von Le Mans mitnahm. Aber erst an diesem Wochenende im skandinavischen Winter 2014 hat er das erhabene Gefühl, die absolute Beherrschung der Beschleunigung, die Verführung der Physik, die Choreografie des schier Unmöglichen mit jeder Faser seines Körpers zu spüren.

„Es gibt kein besseres Auto für diese Art von Training als den 911", sagt er. „Der Heckantrieb erzeugt den perfekten Schwerpunkt für Pirouetten. Man lenkt ein und gibt im richtigen Moment kurz Gas. Das Heck schwenkt aus – und ab da lenkt man mit exakt dosiertem Gaspedal über die Hinterräder. Ein wunderbares Gefühl."

Dass auch Rennfahrer auf dem Eis Extremsituationen üben, machte das Training für Salomé noch eindrucksvoller. Das Wochenende hatte Folgen. Der in Paris geborene ehemalige Head of Interior Design bei Bugatti hat seine Erlebnisse in Schweden künstlerisch verarbeitet.

Salomés Atelier an der Berliner Kastanienallee, im zweiten Hinterhof eines alten Fabrikgeländes. Auf dem Weg zur eisengrauen Studiotür Catwoman und Marilyn Monroe, Streetart unbekannter Herkunft. Der Industriehof zählt zum Standard des Berliner Sightseeing-Programms, weshalb an Salomés Tür steht: „No Shop. No Gallery. Just an Office." Dort arbeitet er, frei, unabhängig, ohne kommerziellen Druck – ein Lebensmodell, das ihm schon im Kopf umherschwirrte, als er sich zwischen Kunst und Design zu entscheiden hatte. Damals studierte er Industriedesign in Paris und später am Royal College of Art in London.

In dem Berliner Atelier fallen gleich mehrere Kunstwerke mit Porsche-Bezug ins Auge. Zum Beispiel Salomés Interpretation des schwedischen Eis-Abenteuers: ein Porsche 911 in 23 Phasen eines Drifts, aneinandergereiht in einem fast geschlossenen Kreis und zu einer aufrecht stehenden Skulptur aus Aluminium gegossen. Gegenüber dem Eingang hängt eine moderne Chronofotografie – im Kern eine Technik, die gegen Ende des 19. Jahrhunderts genutzt wurde, um mit seriellen Momentaufnahmen Bewegung darzustellen. Salomé wählte ein Motiv, das Geschwindigkeit greifbar macht: 35 verschiedene Porsche-Drehzahlmesser aus 70 Jahren Firmenhistorie. Viele davon hat er, wie auch die Felgen, im Porsche Museum in Zuffenhausen fotografiert. Er legte die Aufnahmen übereinander, sodass sie auf einer Fläche von zwei mal zwei Metern zu einem einzigen Instrument verschmelzen, das die unterschiedlichen Skalen zwar diffus erahnen lässt, aber fast wie ein abstraktes Gemälde aussieht. „Die Überlagerung friert Geschwindigkeit und Zeit zu einem einzigen Moment ein", sagt Salomé. Seine „Adrenalinkunst", wie er sie nennt, findet Anerkennung: Seit Kurzem vertritt ihn die Düsseldorfer Galerie Breckner. Die hat auch Tony Cragg und Jeff Koons unter Vertrag.

Auch die jüngste Arbeit des Künstlers und freien Designers beschäftigt sich mit Porsche. Es ist ebenfalls eine Chronofotografie, nur dass er dafür 25 verschiedene Felgen auswählte. Von der schlichten, planen Radabdeckung des frühen 356 bis zu den Hightech-Designs neuer Modelle repräsentieren die Felgen fast ein Dreivierteljahrhundert Design-Geschichte von Porsche. Die übereinandergelegten Aufnahmen haben noch einen zusätzlichen Effekt: Sie wirken wie ein holografisches Bild. Beim Betrachten entsteht der Eindruck, als seien die Räder in rasender Bewegung – Salomés Thema.

Das Thema Porsche wiederum wird Salomé so schnell nicht loslassen. Die Skulptur, die den perfekten Drift nachstellt, möchte er mit anderen Materialien und neuen Farben gestalten und sich damit weiter auf dem Kunstmarkt etablieren. Am liebsten würde er sich dafür noch einmal neu inspirieren lassen – gerne wieder während einer aufregenden Rutschpartie im vereisten Lappland. •

Nur ein Beinbruch. Grüße, Annie

Annie Bousquet liebte die Geschwindigkeit und den Nervenkitzel.
Sie faszinierte ihre Zeitgenossen 1955 mit einer Weltrekordfahrt in einem
Porsche 550 Spyder. Doch dem Triumph folgte eine Tragödie.

Text **Gerald ENZINGER**
Fotos **Philippe LE TELLIER / Getty Images, PORSCHE**

Bis
Annie
Bousquet
wegen
eines
geplatzten
Reifens
ausfiel,
beeindruckte
sie
mit Mut
und Können
in der
Steilwand.

Siegeswille:
Annie Bousquet und
Gilberte Thirion auf einem
Porsche 550 Spyder
(Startnummer 232) während
der Tour de France 1954.
Im Bild zu sehen: die
Sonderprüfung in Reims.

Rekordfahrt:
Porsche-Rennfahrerin Annie Bousquet 1955 in Montlhéry mit ihrem Porsche 550 Spyder.

Draufgängerin:
Annie Bousquet mit dem eigens für sie umgebauten 550 Spyder.

Beim Rennen in Linas–Montlhéry 1955 fährt Bousquet mit 230,5 Stundenkilometern die schnellste Runde. Doch der eine Rekord reicht ihr nicht.

Ein Beinbruch war der Anfang ihres Lebens. Oder: Ein Beinbruch war der Anfang vom Ende ihres Lebens? Niemand weiß, wie sie selbst ihre eigene Geschichte begonnen hätte. Annie Bousquet lebt seit mehr als einem halben Jahrhundert nicht mehr.

Fest steht: Die Motorsporthistorie wäre um eine Legende ärmer, hätte Annie Bousquet nicht 1952 in Sestriere in rasanter Fahrt ihre Ski überkreuzt. So aber verbringt die junge Frau den Nachmittag, der ihr Leben verändert, mit einem gebrochenen Bein in der Hotellobby – und schnappt zufällig auf, wie zwei Italiener über Autorennen sprechen. Einer von ihnen ist Alberto Ascari, der im selben und im darauffolgenden Jahr Formel-1-Weltmeister werden und 1955 in Monza tödlich verunglücken wird. Die gebürtige Wienerin Bousquet, die vor ihrer Hochzeit mit einem Franzosen Schaffer hieß und eine zehnjährige Tochter hat, ist gebannt von Ascaris Schilderungen aus einer Welt jenseits von 200 Stundenkilometern: Welch ein Kontrast zu ihrem behüteten Dasein, zu den Tagen angefüllt mit Tennis, Skifahren und Reiten! Von einem Moment zum nächsten beschließt sie, ihr Leben zu beschleunigen.

Mit Rekord ins Krankenhaus

Ihr erstes Rennen fährt sie, kaum dass ihr Bein verheilt ist, in einem Renault 4CV bei der französischen Rallye Coupe des Alpes. Sie bleibt mit einem Getriebeschaden liegen. Weder Ausfälle noch abschätzige Kommentare der überwiegend männlichen Konkurrenz können sie bremsen. Ihr Fahrstil, in dem sich Mut und Übermut auf gefährliche Weise verbinden, macht sie zu einem frühen Star ihres Sports. Dass sie, wie bei der Mille Miglia

1953, auch das Ziel erreicht, ist eher die Ausnahme. Bousquet flirtet permanent mit den Grenzen der Fahrphysik, wird von Rennen zu Rennen hungriger nach Erfolg. Und steuert zielbewusst auf den Tag zu, an dem sie sich ihren Platz in den Rennsportannalen erobert.

Linas-Montlhéry, 16. August 1955: Auf dem Autodrome südlich von Paris steht ein Geschwindigkeitsrekordrennen für Frauen auf dem Programm. Bousquet zeigt sich, wie üblich, von allen Gefahren unbeeindruckt – sogar dort, wo ihr Idol Ascari 1925 bei einem Rennunfall seinen Vater verlor. Sie denkt nur daran, den Rekord zu brechen, den die Engländerin Gwenda Hawkes – mit der sie sich stets ein Kopf-an-Kopf-Rennen liefert – 1934 mit einem Rundenschnitt von circa 215 Stundenkilometern aufgestellt hatte. Dazu tritt Bousquet mit dem besten verfügbaren Rennwagen an: einem Porsche 550 Spyder, vom Karosseriebauer Wendler in Reutlingen eigens für sie angefertigt. Der Spyder in Racingblau wird mit Rennsprit betrieben, rollt auf Spezialreifen, sein Cockpit ist an den Seiten verkleidet. Alles an diesem Wagen ist für diesen Wettkampf optimiert. Und tatsächlich krönt sie dreieinhalb Jahre nach ihrem ersten Rennen nun ihre Karriere: Mit einer unglaublich konzentrierten Fahrt erzielt sie in ihrer schnellsten Runde eine Geschwindigkeit von 230,5 Stundenkilometern. Der ersehnte Weltrekord!

Aber es ist nicht ungewöhnlich für Bousquet, dass dieser Tag für sie im Krankenhaus endet. In der Euphorie über die neue Bestleistung beschließt sie spontan, auch den Stundenrekord brechen zu wollen. Bei mehr als 200 Stundenkilometern platzt jedoch ein Reifen, der Wagen zerschellt an einer Mauer. In Zuffenhausen ist die

Erleichterung groß, als ein Telegramm von ihr eintrifft: „Bein-, aber kein Halsbruch, gute Moral. Herzliche Grüße, Annie".

Start nach langer Nachtfahrt

Nach ihrer Rekordfahrt verlässt Bousquet das Glück. Im Januar 1956 stirbt ihr Mann Pierre Bousquet bei einem Autounfall. Im Juni desselben Jahres startet sie beim 12-Stunden-Rennen von Reims – und stürzt in den Tod. Es ist eine Tragödie mit Ansage: Bousquet fährt auch nach dem Unglück ihres Mannes weiter Rennen, organisiert stets alles selbst, so auch vor Reims. Ihr 550 Spyder ist bei Porsche zur Reparatur, wird erst am Vortag des Rennens fertig. Bousquet holt ihn ab und fährt damit zur Rennstrecke. Nach knapp 500 Kilometern Nachtfahrt besteht sie darauf, den ersten Stint zu übernehmen. In Runde 17 kommt sie mit dem linken Vorderrad von der Piste ab, der Wagen überschlägt sich, Bousquet bricht sich das Genick. Das Rennen dauert noch elf Stunden, Annies Gegner rasen an der Unfallstelle vorbei – einige sicher in Gedanken an eine außergewöhnliche Frau, der es mit Anfang 30 nicht schnell genug gehen konnte. Als Reaktion auf Bousquets riskanten Fahrstil und ihren Tod lässt der Automobile Club de l'Ouest, der die 24 Stunden von Le Mans veranstaltet, bei diesem Rennen keine Fahrerinnen mehr zu – ein Bann, der erst 1971 aufgehoben wird.

Annie Bousquet aber hätte die Story über ihre rasante, viel zu kurze Karriere im Rennsport vielleicht mit diesem Satz begonnen: Ein Beinbruch war der Anfang meines Lebens. •

H e i

Etwa 210.000 Sportwagen-Begeisterte in gut 80 Ländern sind derzeit in über 600 Porsche Clubs aktiv. Der Porsche Club Westfalen wurde 1952 im kriegsgebeutelten Ruhrgebiet gegründet. Er ist der älteste der Welt.

Text **Lars ZWICKIES** Fotos **Thorsten DOERK**

Porsche Club Westfalen e.V.

Gründung: 26. Mai 1952   Mitglieder: 55   Präsident: Karsten Schumann   Offizielle Clubnummer: 1

Fritz-Henßler-Haus

Modell: 911 Carrera 2 (Typ 993/1996)
Motor: 3,6-Liter-Sechszylinder
Leistung: 272 PS
Farbe: Irisblau

Autohändler Jörg Stoye steht mit seinem Auto vor dem
1955/56 gebauten „Haus der Jugend". Noch heute
gilt das Fritz-Henßler-Haus als Anlaufpunkt für Jugendliche
und als Bühne für kulturelle Newcomer.

Freizeitzentrum West

Hinter dem Freizeitzentrum West, ganz in der Nähe der alten Union-Brauerei, blüht die Subkultur mit Street-Art und jungen Kreativen, die das Viertel nach dem Niedergang der Industrie neu beleben. Eine herzrote Kulisse für Unternehmer Christian Wälzholz und seinen Boxster Spyder.

Modell: Boxster Spyder (Typ 981/2015)
Motor: 3,6-Liter-Sechszylinder
Leistung: 375 PS
Farbe: Indischrot

Schmuckstück

Der erste „Clubmeister"-Teller aus dem Jahr 1953 — ein gut behüteter Schatz mit hohem Sammlerwert.

„Jeder darf zum Clubabend kommen, aber wenn jemand Mitglied werden möchte, dann muss er zu uns passen."

Boris JANKIEWICZ

Porsche-Kumpel

Die verschworene Dortmunder Porsche-Gemeinschaft auf dem Gelände der Kokerei Hansa im Westen der Stadt. Wo früher Kohle zu Koks veredelt wurde, sind die Schornsteine mittlerweile erloschen.

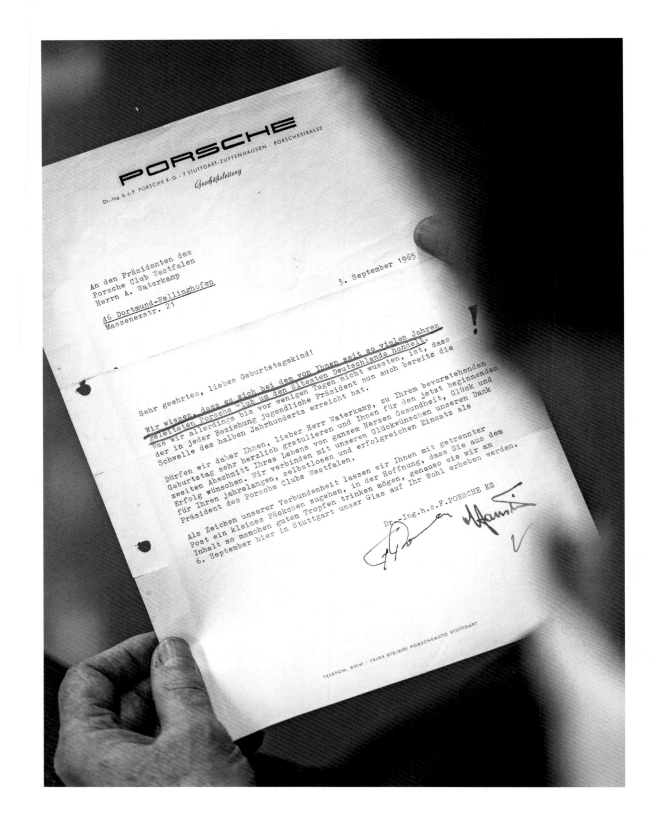

Brief und Siegel

Das Schreiben mit Ferry Porsches Unterschrift aus dem Jahr 1965 bestätigt den Status als erster Porsche Club der Welt.

Konzerthaus Dortmund

Modell: 911 Carrera 4 GTS (Typ 991/2014)
Motor: 3,8-Liter-Sechszylinder
Leistung: 430 PS
Farbe: Rhodiumsilber

Präsidiales Flair in der Innenstadt: Der PCW-Vorsitzende Karsten Schumann parkt seinen Porsche 911 Carrera 4 GTS vor einem modernen Meisterstück aus Stahl, Glas und Beton. Seit 2002 setzt das Konzerthaus mitten im ehemaligen Problemviertel rund um die Brückstraße künstlerische Akzente — weit über die Grenzen Deutschlands hinaus.

Kokerei Hansa

PCW-Vizepräsident Boris Jankiewicz und sein Targa vor der Kompressorenhalle der Kokerei in Dortmund. Seit 1992 stillgelegt, ist das Industriedenkmal heute eine Erinnerung an die Gründerzeit im Ruhrgebiet.

Modell: 911 Carrera Targa (G-Modell/1987)
Motor: 3,2-Liter-Sechszylinder
Leistung: 231 PS
Farbe: Grandprixweiß

„Wir sind eine Truppe von Verrückten."

Karsten SCHUMANN

Tief im Westen, wo die Sonne verstaubt" – so beginnt der Sänger Herbert Grönemeyer die Liebeserklärung an seine Heimat. Der Song *Bochum* ist nicht nur eine Huldigung an die Stadt mit dem „Pulsschlag aus Stahl", sondern vor allem eine Hommage an das Ruhrgebiet und die Menschen dort. Kohle, Bier, Stahl – dieser Dreiklang hat die Region geprägt und Städte wie Essen, Bochum oder Dortmund groß gemacht. Sie sind Schmelztiegel, deren Bewohner auf den Ruf des Malochers nicht weniger stolz waren als auf ihre Herkunft.

Die Kokerei Hansa im Dortmunder Westen ist ein Symbol dieser Zeit. Sie war einmal die größte Anlage im Revier, fast zwei Millionen Tonnen Koks schaffte sie im Jahr. 1992 wurde sie stillgelegt. Aber noch heute atmet sie den Geist jener Epoche. Langsam nähert sich eine Kolonne herausgeputzter Sportwagen den verlassenen Öfen und Maschinenhallen: Targa, Carrera, Spyder – bunte Farbtupfer in rostbrauner Kulisse. Sie sind nur scheinbar ein Widerspruch. In Wirklichkeit gehören sie dazu. Denn in Dortmund wurde 1952 der erste Porsche Club der Welt gegründet. Karsten Schumann, Präsident des Porsche Club Westfalen e. V. (PCW), hat eine kleine Delegation mitgebracht. Sie lieben es gesellig. Das mag auch einer der Gründe dafür sein, warum sich ausgerechnet hier, in einem Teil Deutschlands, der nach dem Zweiten Weltkrieg besonders stark zerstört war, erstmals Porsche-Enthusiasten in einem Verein organisiert haben. Vier Jahre nach Vorstellung des ersten Sportwagens der Marke Porsche, in Anwesenheit der Rennfahrerlegende Baron Huschke von Hanstein. Der Name „Westfälischer Porsche Club Hohensyburg" sollte an die alte Rennstrecke vor den Toren Dortmunds erinnern, den Nürburgring Westfalens. Der Motorsportgedanke stand anfangs klar im Fokus, die ersten Jahre waren geprägt von Sportveranstaltungen und dem neuen Reiz der Geschwindigkeit. 1969 machten die Porsche-Liebhaber das Unmögliche möglich, als die Stadt Dortmund eine Ausnahme-

genehmigung für einen „Bergslalom in Form eines Bergrennens" mitten in Dortmund-Wellinghofen ausstellte. Die Veranstaltung wurde ein Erfolg und zählt heute zu einem der vielen Höhepunkte in der Geschichte des Ruhrpott-Clubs.

Der größte Ballungsraum Europas durchlebte nach dem Krieg radikale Brüche. Bergbau und Stahlindustrie verloren nach und nach ihre Bedeutung. „Erst ging die Kohle, dann der Stahl – und dann das Bier", erinnert sich Getränkegroßhändler Reiner Kötter, Vereinspräsident bis 2014, und kann die Melancholie in seiner Stimme und in seinem Gesicht nicht verbergen. In den Jahren des Wirtschaftswunders feierten die westfälischen Porsche-Enthusiasten noch in Dortmunder Ballsälen mit Stars der Zeit. Hazy Osterwald und Max Greger spielten zum Tanz – zum zehnjährigen Bestehen reiste 1962 sogar Ferry Porsche an. Schön war's, aber das ist lange her.

Schrittweise wandelte sich die ehemalige „Kohlenkammer der Nation" zu einem Zentrum für Dienstleistungen, Bildung und Kultur. Der Strukturwandel brachte frischen Schwung in die Region und beflügelt auch den Club. „Wir sind eine Gruppe von Verrückten", sagt Karsten Schumann. Der Mediziner und Familienvater ist sich der Historie des Clubs bewusst, betont aber dessen dynamischen Charakter: „Der Club lebt von seinen Mitgliedern. Tradition ist ja schön und gut, aber lebendig bleibt so ein Verein nur durch das Engagement der Menschen." Rund 55 Porsche-Begeisterte aus Dortmund und Umgebung sind es derzeit. Im PCW sind mehr als hundert Porsche gelistet, als besondere Modelle nennt der Präsident einen 924 GTS von 1981, einen 911 GT2 (Typ 993) von 1996 sowie ein 911 Turbo Cabrio Flachbau (Typ 930) von 1989.

„Anfangs hockten die Mitglieder jedes Wochenende bei Kaffee und Kuchen beieinander. Doch das hat sich im Laufe der Jahre geändert," erinnert sich Vizepräsident

Boris Jankiewicz. Zwar gibt es die Clubabende immer noch, doch Porsche-Freundschaften zelebrieren sie lieber auf der Straße. Richtig Strecke machen sie bei ihren Ausfahrten. So sind sie zum 50-jährigen Geburtstag des Clubs im Konvoi nach Stuttgart-Zuffenhausen gereist – der Geburtsstädte ihrer gemeinsamen Leidenschaft. Fünf Jahre später waren sie auf Sylt. „Solche Touren passen einfach besser zu uns als große Galas", betont der Präsident. Zur Feier des 65. Jubiläums war die PCW-Truppe in die Toskana gefahren – zum ersten Mal gemeinsam ins Ausland. Wer die Clubgemeinschaft von sich überzeugen will, bringt am besten den Stallgeruch des Reviers mit. „Jeder darf zum Clubabend kommen, aber wenn jemand Mitglied werden möchte, dann muss er zu uns passen."

Der Unternehmer Christian Wälzholz ist so ein Typ: gesellig, spontan, eben so wie das Ruhrgebiet – und offen für Menschenschläge, die ihr Herz nicht unbedingt auf der Zunge tragen. Drei Westfalen sind zugleich Mitglieder des Porsche Club Ostfriesland – eine Entwicklungsmaßnahme, um die Reihen des norddeutschen Vereins zu stärken. Dort ist der Präsident, Horst Wendelken, im Hauptberuf Pfarrer.

Wenn Unternehmer Joachim Bade über seine Begeisterung für Porsche spricht, springt er rund 30 Jahre zurück. Er kaufte seinen ersten Sportwagen aus Zuffenhausen mit 20. Das Glücksgefühl, das er damals empfand, hat ihn bis heute nicht verlassen. Gemeinsam mit Wälzholz und dem Autohändler Jörg Stoye renoviert er einen ehemaligen Gutshof und baut ihn zum privaten Porsche-Zentrum um. Was zunächst nur als Ort für die private Fahrzeugsammlung gedacht war, nimmt jetzt größere Ausmaße an. Früher war die alte Scheune des Anwesens nur die Garage. Heute transportiert ein Aufzug die Autos in den ersten Stock. Dort könnten dann gelegentlich die Clubtreffen stattfinden. Das beleuchtete Porsche-Logo ziert bereits den Giebel. •

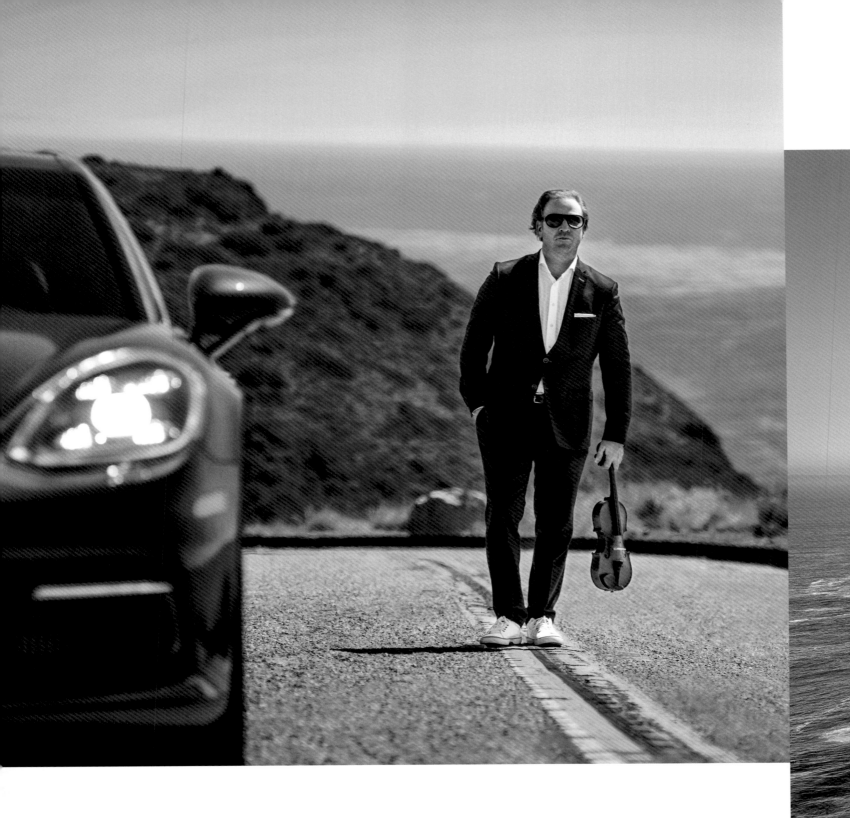

Verschnauf pause

Er zählt zu den erfolgreichsten Violinisten der Welt: Neben seiner Solokarriere
ist Daniel Hope Initiator und Direktor unzähliger musikalischer Projekte,
jettet unablässig um den Globus. Auf seiner Welttournee gönnt er sich eine
schnelle Auszeit – im Porsche Panamera.

Text **Lena SIEP** Fotos **Lisa LINKE, Kevin PARRY / Wallis Annenberg Center for the Performing Arts**

Von erster Geige zum Punkt am Horizont:
Der Porsche gibt Daniel Hope einen Moment gewollter Einsamkeit.

Zielstrebig:
Daniel Hope begann bereits mit vier
Jahren das Violinspiel. Heute ist
er erfolgreicher Musikdirektor, Solist
und künstlerischer Leiter.

„Meine Familie ist mein einziges Hobby." Daniel HOPE

Ein bisschen Zeit für sich:
Vor seiner Ehe hat Daniel Hope einen Porsche 911
gefahren, im Panamera genießt er die Ruhe
ebenso wie den glasklaren Klang der Musik.

L os Angeles. Im Wallis Annenberg
Center for the Performing Arts in Beverly Hills
sitzen Damen in Abendroben neben Jugendlichen mit
Kippa und Sneakers. Sie bewegen ihre Köpfe zu den
Klängen von Vivaldi wie zu Rockmusik. Auf der Bühne
lässt Daniel Hope mit seiner Geige das Tosen eines
sommerlichen Gewittersturms auferstehen. Der
45-Jährige spielt eine Neuinterpretation eines barocken
Erfolgsstücks, mit dem ihm gelang, wovon viele
Musiker träumen: Sein Album *For Seasons* bescherte
ihm nicht nur bei eingefleischten Klassikfans,
sondern auch bei der jüngeren Generation Erfolg.

Der Morgen danach. Ortstermin zwischen hohen
Palmen und großen Träumen. Hope sitzt im Porsche
Panamera und genießt einen seltenen Moment der
Ruhe. Er kommt ins Plaudern. Über Musik. Über sich.
Und darüber, was Musik bewegen kann.

Das ewige Meer vor Augen, die Zukunft fest im Blick:
Daniel Hope nimmt sich Zeit für das Gespräch. Ihm ist wichtig, dass
künftige Generationen aus den Fehlern der Vergangenheit lernen.

130 Konzerte im Jahr:
Mit seinem Album *A Journey to Mozart* gelingt es Daniel Hope,
auch junge Erwachsene für klassische Musik zu begeistern.

Auf der Bühne lässt Daniel Hope mit seiner Geige das Tosen eines sommerlichen Gewittersturms auferstehen.

In seiner Funktion als Musikdirektor des Kammerorchesters Zürich und des New Century Chamber Orchestra in San Francisco ist Hope zugleich Chef und Solist. Als künstlerischer Leiter der Dresdner Frauenkirche konzipiert und organisiert er ambitionierte Konzertprogramme. Auf der ganzen Welt überzeugt er zahlungskräftige Sponsoren mit einer bemerkenswerten Zielstrebigkeit von seinen wohltätigen Projekten. Knapp 25 Alben tragen seinen Namen im Titel. Circa 130 Konzertbühnen betritt er im Jahr, einmal pro Woche moderiert er eine eigene Radiosendung, schreibt Bücher und Gastbeiträge in Tageszeitungen. Und auch auf der Leinwand ist er zu sehen – zuletzt im Dokumentarfilm *Daniel Hope – Der Klang des Lebens.*

Hope, in Durban geboren, stammt von jüdischen Emigranten ab, die vor den Nazis nach Südafrika flüchteten. Sein Vater, ein regimekritischer Schriftsteller, bekam die Härte der Apartheid zu spüren. 1975 wanderten Eleanor und Christopher Hope mit ihren beiden Söhnen nach London aus. Deutsch-irische Wurzeln machten den Weg ins Exil frei. Seine Mutter fand eine Anstellung als Sekretärin und später Managerin bei Yehudi Menuhin, einem der bedeutendsten Geiger des 20. Jahrhunderts. Bei Menuhin lernte Hope schon früh die Faszination des Geigenspielens kennen. Mit vier Jahren hörte er das

erste Mal das Stück, das sein Leben verändern sollte: *Die Vier Jahreszeiten.*

Neben Vivaldi, Beethoven und Mozart spielt Hope aber auch Unkonventionelles. In seinem Album *Escape to Paradise* etwa widmet er sich jüdischen Komponisten, die als Exilanten in den USA den Hollywoodsound der 1930er-Jahre prägten – für Hope auch Ausdruck seines politischen Engagements. Genau wie die „vergessene Musik" von Komponisten, die dem Terror der Nationalsozialisten zum Opfer fielen: Erwin Schulhoff, der im Gefangenenlager auf der bayerischen Wülzburg ums Leben kam, oder Hans Krása, dessen berühmte Kinderoper *Brundibár* während seiner Internierung im KZ Theresienstadt wiederholt aufgeführt wurde. Neben zahlreichen Gedenkkonzerten für die Opfer des Holocaust macht er mit der Kampagne „Tu was!" gegen Alltagsrassismus mobil. 2017 wurde ihm dafür in Deutschland das Bundesverdienstkreuz verliehen, die höchste Auszeichnung für herausragendes gesellschaftliches Engagement.

Dass er mittlerweile in Berlin wohnt, dem Ort, aus dem seine Großeltern dem Naziregime nur knapp entflohen sind, war ein lang gehegter Wunsch: „Für mich war

immer klar, dass ich irgendwann zurückkehren wollte. Berlin ist so eine vielfältige, offene Stadt, in der es unendlich viele Geschichten zu entdecken gibt." Hope lebt dort mit seiner Frau Silvana, einer deutschen Malerin, und ihrem gemeinsamen vierjährigen Sohn. Er sei „angekommen", sagt Hope – und das, obwohl er jedes Jahr mehr als 200 Tage auf Reisen ist. Strapazen, von denen man Hope kaum etwas anmerkt. „Ich achte darauf, zwischen meinen Projekten viel Zeit mit meiner Familie zu verbringen", erklärt er.

„Meine Familie ist mein einziges Hobby." Manchmal begleiten ihn Frau und Kind auf Tournee, so wie jetzt, in die USA. Im Spätsommer verbringt er einige Wochen am Stück zu Hause in Berlin, um in Sneakers und Polohemd Ehemann und Familienvater zu sein, der mit seinem Sohn im Zoo spazieren geht. Das Familienleben hat natürlich nicht nur Vorzüge. „Bevor ich meine Frau kennenlernte, fuhr ich einen Porsche 911 Targa (Typ 997). Ich habe ihn über alles geliebt und es fiel mir unendlich schwer, ihn aufzugeben", erinnert sich Hope und seufzt. Der Targa wich einem Cayenne, weil ein SUV für ihn „einfach das bessere Familienauto ist." Aber auch der Panamera hat es dem Weltstar angetan. Mit viel Platz zum Träumen, Abschalten und Musikhören. Eben perfekt für eine schnelle Auszeit. •

Herz NOTE

Ein Duftteppich aus Blumen, Bäumen, Moos und Meer: der verschwenderische Garten Eden der Garden Route. Die Pariser Parfümeurin Alexandra Carlin lässt sich in Südafrika neu inspirieren. Sie kennt mehr als tausend Düfte. Ihre Kreationen erweitern jedes Jahr den Geruchskosmos.

Text **Christina RAHMES** Fotos **Petra SAGNAK**

Salzig: Gleich wird Alexandra Carlin tief einatmen und die Augen schließen, den Sand zwischen den Zehen spüren, Wind und Wasser auf sich wirken lassen. Stark und kräftig, ein bisschen dramatisch – so riecht Südafrika für die Parfümeurin Alexandra Carlin.

Felsig: Der Geruch von moosigen Steinen vermischt sich
mit dem Duft von blumiger Freiheit, Sand und Weite.

HONIG
gelb

Unter die Haut: Der Schriftzug *Beija Flor* ziert den linken Unterarm der Parfümeurin und bedeutet Blumenküsserin. Im Portugiesischen steht der Ausdruck für Kolibri.

TSITSIKAMMA

KAPSTADT   PORT ELIZABETH

Wilderness   Knysna

Plettenberg   Jeffreys
Mossel   Bay   Bay
Bay

Südafrika

Die Republik Südafrika ist überraschend grün und saftig, ein Höhepunkt der Region ist die Garden Route. Sie liegt auf dem fast 800 Kilometer langen Küstenstreifen zwischen Kapstadt und Port Elizabeth. Die kurvenreiche Strecke führt vorbei an Obstplantagen und Stränden, kreuzt Naturschutzgebiete und Berge.

ASPHALT

grau

E in letzter Blick auf das Wasser, ein letztes Mal barfuß auf dem Holzsteg, die Reise ist fast zu Ende. Auf den Moment, der Alexandra Carlin gleich zu Tränen rühren wird, hat sie so lange gewartet. Eben noch packte sie ihren Koffer, mit Kleidung aus Frankreich und Eindrücken aus Südafrika. Bereit, in ihre Geburtsstadt Paris zurückzufliegen. Und plötzlich traut sie ihrer Nase kaum, ein süßlich-klebriger Duft liegt in der Luft, weich und belebend zugleich. Sie zwängt sich zwischen Hauswand und Gartenzaun durch wilde Sträucher, die zarten Hände schützend vor dem Gesicht. Wilde Bienen haben ihn schon lange vor ihr gefunden: den Honigbusch. Ein Strauch, der nur in Südafrika wächst und dessen gelbe Blüten für die Herstellung von Tee verwendet werden. Die Französin ist sprachlos. Tagelang hatte sie auf der Garden Route nach diesem seltenen Gewächs gesucht. Dabei war es so nah – im Garten des Ferienhauses, das sie bewohnt hat.

Seit zwölf Jahren arbeitet Alexandra Carlin bei Symrise, einem der weltweit führenden Unternehmen für Duft- und Geschmacksstoffe. Im Jahr 2011 erhielt sie ihr Zertifikat zur Parfümeurin, seitdem kreiert sie Düfte für den weltweiten Markt. Einige auf Kundenanfrage, andere aus freien Stücken, alle gerne: „Manche Kunden möchten zu viele Düfte in ihrem Parfüm haben, das macht die Komposition unruhig. Dann muss ich herausfinden, welchen Duft ich subtrahieren kann", sagt Carlin, die mit bis zu zweihundert Düften gleichzeitig hantiert. Gelernt hat sie das Handwerk an den Parfümschulen ISIPCA in Versailles und an der unternehmenseigenen am deutschen Standort Holzminden. Außerdem vertiefte sie ihr Wissen bei einem Parfümeur im südfranzösischen Grasse, der Welthauptstadt des Parfüms, wo auch schon Jean-Baptiste Grenouille in Patrick Süskinds *Das Parfum* seinen Geruchssinn trainiert hat. Eigentlich wollte sie Schriftstellerin werden, Menschen mit Worten berühren, doch dann das: „Als ich 18 Jahre alt war, habe ich im Radio Parfümeure über ihren Beruf sprechen hören und wusste sofort, das ist der Job meines Lebens." Und was lernt man an der Parfüm-Universität? Riechen? „Ja, und zwar so lange, bis man in der Lage ist, Düfte in ihre Einzelbestandteile zu zerlegen und die Dosierung der Zutaten zu erriechen."

Eine ganz besondere Begabung, die es jeden Tag zu verbessern gilt, denn die Rohstoffe eines Parfüms kann jeder auswendig lernen, da ist sie sich sicher. Alles nur eine Frage der Zeit. „Aber ein Parfüm zu komponieren, ist eine ganz andere Herausforderung. Dabei muss man Menschen berühren, genau den Duft finden, der ihr Herz erobert. Eine Geschichte schreiben – und zwar ohne Worte."

WASSER **blau**

Freiheit und Abenteuer: Das ist der Duft des Meeres im Tsitsikamma National Park.
Mit dem Abtauchen der Sonne verstärken sich die Eindrücke.

„Mit einem Parfüm muss man Menschen berühren,
genau den Duft finden, der ihr Herz erobert. Eine Geschichte schreiben –

UND ZWAR OHNE WORTE."

Alexandra CARLIN

Die 39-Jährige trägt ein weißes T-Shirt, die enge schwarze Jeans zeichnet ihre durchtrainierten Beine ab. Früher feierte sie Erfolge im Dreisprung und Hundertmetersprint. Das bunte Seidentuch weht mit ihren hellbraunen Haaren im Wind. Ihr Gesicht ist zart und hell, einige Sommersprossen bahnen sich den Weg über ihre Nase. Die braunen Augen leuchten. Sie reibt die Kuppen von Daumen und Zeigefinger aneinander, dazwischen ein dunkelgrünes Blatt, saugt die Struktur der Pflanze mit ihren Händen auf, schließt die Augen und sagt: „Jetzt muss ich wieder Regeln brechen, Denkmuster ignorieren und unvoreingenommen sein. Denn jetzt darf ich an alles denken – nur nicht an Pflanzen, sonst fehlen mir die richtigen Bilder im Kopf." Wenige Minuten später ist sie sich sicher, das Blatt riecht wie Hammelfleisch auf einem Kohlegrill, das einen Hauch zu rauchig ist und liebevoll von Pfefferkörnern umarmt wird. Um Gerüche so in Worte zu fassen, braucht diese Frau nicht viel, nur einen freien Kopf: „Ich ziehe meine Inspiration aus Reisen, dem Kennenlernen neuer Kulturen, aber auch aus Romanen, Ausstellungen und Musik. Das alles sensibilisiert mich. Und mit diesem Gefühl entstehen dann meine Geschichten." Verpackt in einem Flakon.

Südafrika fehlte noch im Duftkosmos der Pariserin. Dieses Land ist perfekt, um Natur zu atmen, Baumrinde abzuknubbeln, über Gräser zu streichen, an Blüten zu riechen. Carlin macht auch keinen Halt vor einem Büschel Wolfshaare, das an einem Maschendrahtzaun hängen geblieben ist. Sie streckt ihre Nase ans Geländer der Tsitsikammabrücke, an den Sand des Wilderness Beach, an Stahlseile, an Autositze. Im Vorbeigehen errät sie das Parfüm der Kellnerin, erkennt das Shampoo der Fotografin. Nach nur einem Atemzug schließt sie den silbernen Porsche 911 SC aus dem Jahr 1978 ins Herz. Weil er so wunderbar *horsy* riecht, „das erinnert mich an einen Urlaub in der Mongolei. Die mongolischen Pferde duften ganz anders als Pferde in Frankreich", sagt sie, in Gedanken längst die Schublade der Urlauberinnerungen geöffnet. Sie drückt ihre Nase erneut auf den Ledersitz des Targa: „Kräftig und wild, das riecht nach Abenteuer."

Sie summt vor sich hin, während sie die Berge des Franschhoek-Passes hinunterfährt. Ein kleiner Essensstand durchbricht das Bergpanorama, verlassen am Straßenrand. Toast gibt es dort, sie lacht und erzählt: „Früher bin ich nach der Schule oft zu meiner Oma gegangen. Auf den letzten hundert Metern hatte ich immer einen süßlichen, leicht röstigen Geruch von getoasteter Brioche in der Nase. Da wusste ich, dass meine Oma gebacken hatte – und war beruhigt, dass sie noch lebt." Für Carlin ist das der Duft ihres Lebens.

Momentan riecht sie am liebsten Vetiver, tropisches Süßgras aus Asien. „Vetiver vereint so viele Bilder im Kopf. Es riecht rauchig und holzig, nach Erdnüssen und Grapefruit zugleich." Es gibt aber auch Gerüche im Leben von Carlin, die sie bis in ihre schlimmsten Träume begleiten. Zu gerne würde sie diese vergessen, doch das ist gar nicht so leicht. Der Geruch von schäbigen U-Bahn-Stationen ist so ein Albtraum – die Mischung aus Abfall, verschüttetem Bier, heimatlosen und gehetzten Menschen.

BLATT
grün

Der Duft ihres Lebens:

VON OMA GETOASTETE BRIOCHE

Innehalten: Sie will für sich alleine sein, die Gerüche und Eindrücke des Tages schriftlich festhalten und gedanklich einordnen. Abspeichern, irgendwo zwischen den ihr bereits bekannten tausend Düften.

Der Targa lässt die Garden Route ins Innere strömen. Carlin fährt über Gordon's Bay nach Knysna gen Westen. Die fruchtbare Gegend und die hügeligen Weinberge rund um Kapstadt liegen weit hinter ihr. Sie streckt ihr Kinn nach oben, es riecht verbrannt, irgendwo in der Nähe brennt Feuer. Sie entscheidet sich für einen Umweg. Für eine Parfümeurin spielen sich die wahren Abenteuer abseits der großen Straßen ab. Dann, wenn sie den Porsche geparkt hat und die Natur erkundet, Stift und Notizbuch in der Hand, alle Sinne geschärft. „Ich muss meine Nase Tag für Tag aufs Neue trainieren", erklärt sie und blickt auf die Zeit nach der Geburt ihres Sohnes Sasha zurück. In den Monaten danach verzichtete sie einige Male auf Parfüm. „Denn wenn du Parfüm verwendest, dann riecht dein Baby nur noch nach dir." Eine absolute Ausnahme für Carlin, denn „ohne Parfüm fühle ich mich nackt".

Sie erklärt, dass sich alle Kompositionen in eine Duft-pyramide einordnen lassen. Die Kopfnote wird als Erstes wahrgenommen, verfliegt aber auch am schnellsten. Die Herznote, der größte Bestandteil eines Parfums, hält lange an und geht die stärkste Verbindung mit der Haut ein. Die Basisnote verbindet sich ganz individuell mit der eigenen Haut. Sie entwickelt bei jedem Menschen eine andere Duftnote. Carlin trinkt einen Chai Latte und schreibt ihre Eindrücke in ihr kleines Buch. Um sich zu erinnern, schließt sie die Augen, versucht, Düfte abzurufen, in Worte zu fassen und erneut abzuspeichern. Zwischendurch nippt sie an ihrem Wasser. Wasser hat sie auf Inspirationstouren immer dabei. Die Flasche liegt in der Handtasche neben einem T-Shirt von ihrem Freund, eine Nacht lang getragen. Es riecht nach Thomas. Sie schließt die Augen, wie damals, beim ersten Kennenlernen vor einigen Jahren. Mit ihm möchte sie wiederkommen, Südafrika hat sie in ihren Bann gezogen. Ist es so, wie sie es sich vorgestellt hat? „Ich hatte viele Bilder und Gerüche im Kopf. Meine Assoziationskette: ältester Kontinent, Beginn der Welt, Früchte, roter Sand, große Tiere, Urknall. Sinnlich und animalisch zugleich, nach Honig, Freiheit, Weite, Rooibos und Rauch duftend."

In ihren Gedanken war alles rot. „In Wirklichkeit ist es grün." Die Landschaft ist so vielseitig. Es scheint unmöglich, sich nicht zu verlieben. Schroffe Steilküsten und einsame Strände wechseln sich mit Duftteppichen aus Proteablüten ab. Plötzlich fährt man durch einen dunklen Wald mit riesigen Steineiben, deren biegsame Arme durch das Targa-Dach schnalzen.

Sie schließt ihr Notizbuch und erzählt, dass es auch andere Möglichkeiten gibt, um Gerüche festzuhalten: mit Hightech, genannt Headspace. „Das ist ein Gerät, mit dem ich den Geruch einer lebendigen Pflanze einfangen kann. Darin werden die Duftstoffe in ihre kleinsten Strukturbausteine zerlegt, man erhält quasi einen Bauplan der Stoffe und kann sie anschließend im Labor nachbilden." Carlin hat nur ihre Sinne verwendet, Düfte in Worte gefasst. Ihre letzte Notiz gilt dem Honigbusch: „Es ist der Duft der Freiheit im Herzen." •

Heiße Naht

Wer die Targa Florio gewinnen wollte, brauchte Gefühl im Gasfuß. Deshalb schworen viele Fahrer auf die Kunst des Schuhmachers Francesco „Ciccio" Liberto, der seit mehr als 50 Jahren Rennfahrerschuhe fertigt. Eine Stippvisite beim Meister – mit Gijs van Lennep, Gewinner der letzten großen Targa Florio.

Text **Barbara ESSER** Fotos **Thorsten DOERK**

„Die Freude in den Augen meiner Kunden, das ist mein Antrieb."

Francesco LIBERTO

Alles beim Alten: In seiner Werkstatt in der Altstadt von Cefalù scheint die Zeit stehen geblieben. Francesco Liberto betreibt sein Schusterhandwerk wie einst, nur nicht mehr an so vielen Stunden am Tag.

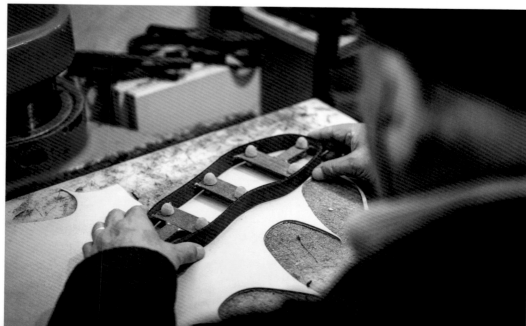

Natürlich kennt er noch immer jede Kurve. Die weit geschwungenen ebenso wie die haarsträubend engen Serpentinen, die sich durch die sizilianische Gebirgskette Madonie winden. Auf der Straße nach Cerda, etwa eine Fahrstunde südöstlich von Palermo, beschleunigt Gijs van Lennep. Sein Ziel ist ein kleiner Laden am Rande der Altstadt von Cefalù – „più belli d'Italia", einem der schönsten Orte Italiens. Aber noch hat van Lennep nur Augen für die Straße vor sich. „An vielen Stellen gab es damals nicht einmal Leitplanken", erinnert er sich, als er den Porsche 718 Cayman beherzt in eine unübersichtliche Haarnadelkurve einlenkt.

Hunderttausende Zuschauer quetschten sich damals neben die Piste der Targa Florio, des berühmt-berüchtigten Langstreckenrennens durch Siziliens Berglandschaft. In seiner Erinnerung kann van Lennep immer noch die vor Begeisterung gestikulierenden Menschen sehen, an denen er einst vorbeiraste. Ziemlich lang ist das jetzt her – 46 Jahre, um genau zu sein. 1973 gewann van Lennep die letzte Ausgabe der Targa Florio als Weltmeisterschaftslauf mit Herbert Müller in einem Porsche 911 Carrera RSR. 11 Runden à 72 Kilometer. Etwa 900 Kurven pro Runde in 6 Stunden und 54 Minuten. Nichts für Zartbesaitete. Die Kunst, zu gewinnen, war so simpel wie mörderisch: „Sie bestand darin, zwischen all den Kurven möglichst lange möglichst schnell zu fahren", sagt der 77-Jährige.

Ein paar Kilometer entfernt steht Francesco Liberto, den sie alle „Ciccio" nennen, in seinem Laden an der Hafenpromenade von Cefalù und folgt mit dem Finger kurvigen Linien auf einem vergilbten Blatt Papier. Es ist ein Umriss von van Lenneps rechtem Fuß, den Ciccio vor vielen Jahren aufzeichnete, um dem Niederländer eine zweite Haut auf den Leib zu schustern – so wie vielen anderen berühmten Rennfahrern vor und nach ihm. Jacky Ickx, Herbert Linge, Carlos Reutemann, Leo Kinnunen, Gerhard Mitter – sie alle ließen Maß nehmen von Ciccio, ebenso wie der deutsche Schauspieler Daniel Brühl, der Niki Lauda im Formel-1-Epos *Rush* spielte. Fast wehmütig denkt der 83-Jährige zurück: An Alain Delon, dem er während der Dreharbeiten für den Film *Der Leopard* schwarze Schuhe nähte. An Romy Schneider, deren Füße ihm „wie Zwiebeln" vorkamen, auf die er Sandalen anpasste, was ihm nicht leicht fiel. Oder an den italienischen Liedermacher Lucio Dalla, einem begeisterten Porsche-Fahrer, der rot-weiße Schuhe bestellte. Vor einigen Jahren erhob die UNESCO Ciccios Handwerk in den Rang des Weltkulturerbes.

Erster Auftrag in der Pizzeria

In seinem fast musealen Laden, vollgestopft mit Schuhkartons und Rennfahrerreliquien, marschiert Ciccio auf und ab. Er ist „ein bisschen aufgeregt", weil er seinen Freund van Lennep schon zwei Jahre nicht mehr gesehen hat. An den Wänden hängen Fotos mit Widmungen und Dankesschreiben. Sein Blick bleibt an Aufnahmen von Ignazio Giunti, Nanni Galli und Vic Elford hängen. Mit ihnen fing alles an.

Die Alfa-Piloten Giunti und Galli traf Ciccio 1964 in einem Restaurant in Cefalù. Damals war der Rennzirkus längst nicht so abgeschirmt wie heute. Der junge Schuhmacher, magisch angezogen von dem Gemisch

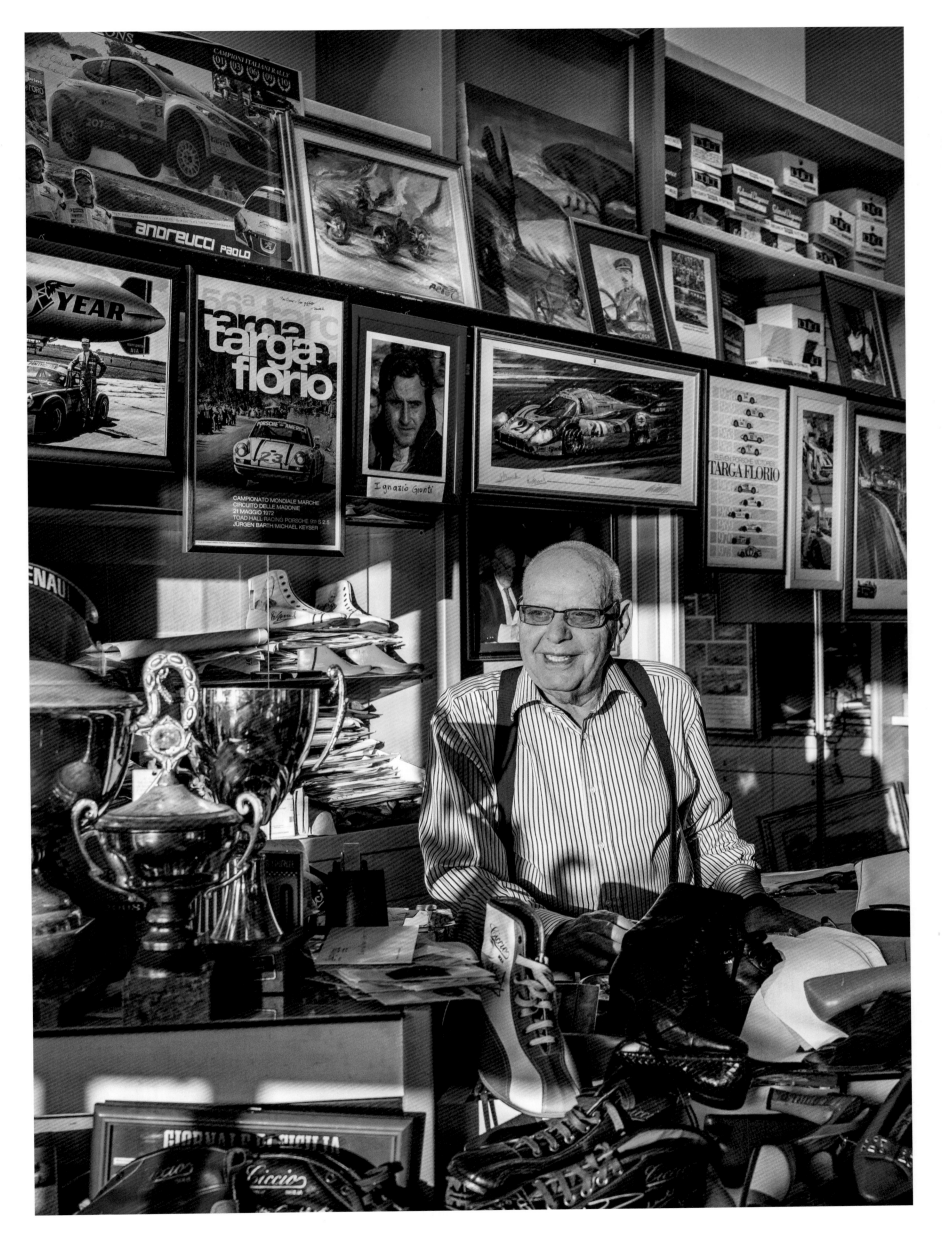

aus Wagemut, Temporausch und Technik, fand schnell Anschluss. Bei einer Pizza erzählte er den beiden Rennfahrern von seinem Handwerk. Und nahm den Auftrag, ihnen spezielle Rennfahrerschuhe anzufertigen, mit in seine Werkstatt. Weich sollten sie sein, mit einer dünnen Sohle, rahmen- und absatzlos wie ein Ballerinaschuh, damit der Träger das Gefühl für das Gaspedal bewahrte. „Unsägliche Schuhe hatten die Rennfahrer damals", erinnert er sich. Manche gingen mit Turnschuhen an den Start. Andere trugen schwere, genagelte Schuhe mit breitem Rahmen – komplett ungeeignet für ein Rennen. Ciccio machte sich ans Werk und schuf das Design, das bis heute Touristen aus aller Welt in seinen Laden führt: knöchel- oder stiefelhoch, geschnürt, mit abgesteppten Seitenflanken in kraftvollen Farben, gern jenen des Landes, aus dem ihr Besitzer kommt.

Mit ruhiger Hand zieht Ciccio die Schnitte und Nähte durch das weiche Nappa, spannt das Leder über die Leisten, formt und glättet es. Bis heute. Das erste Paar, das er für Giunti schneiderte, steht heute im Deutschen Ledermuseum in Offenbach. Der Rennfahrer hat es dem Museum vermacht. 1968 gewann Vic Elford in Ciccio-Schuhen die Targa Florio – und bestellte fortan jedes Jahr ein neues Paar. „Rennfahrer sind abergläubisch", sagt Ciccio mit einem Lächeln. „Von da an wollten alle meine Schuhe haben."

Lieferung zum Targa-Start

Eigentlich müsste van Lennep jede Sekunde ankommen. Ciccio horcht auf die Straße hinaus. „Ich mag Alfa und Ferrari. Aber mein Herz hat immer für Porsche geschlagen", sagt er und stürmt aus dem Laden, als sein Freund schließlich in dem miamiblauen 718 Cayman am Lungomare entlangschnurrt. Die Parklücke vor Ciccios Geschäft ist ein bisschen eng, Ciccio bittet einen Passanten, einen Blumentrog wegzurücken, damit der Sportwagen Platz hat. Als van Lennep aus dem Auto steigt, breitet er die Arme aus: „Benvenuto, mein Freund!"

„Ich komme gerade von der Mille Miglia", erzählt van Lennep. „Rate mal, welche Schuhe ich getragen habe?" „Meine natürlich", lacht Ciccio. Drei Paar hat sich der Rennfahrer einst von ihm schustern lassen, mit orangefarbenen Streifen und seitlich applizierter niederländischer Flagge. „Ich habe die Schuhe immer zu Beginn der Trainingswoche bestellt und nach sieben Tagen abgeholt", berichtet er. „Und ich musste in dieser Woche Tag und Nacht arbeiten", fügt Ciccio hinzu. „Das war mein Rennen vor dem Rennen."

„Und du schneiderst immer noch Schuhe?", fragt van Lennep, als wüsste er die Antwort nicht. „Aber ja. Wenn ich aufhöre zu arbeiten, sterbe ich", sagt Ciccio. Wer könnte das besser verstehen als der Rennfahrer, der mit neun Jahren zum ersten Mal hinter dem Steuer saß, bei 250 Profi-Rennen startete, heute noch Rallyes im Porsche 356 fährt – und dabei nicht selten jüngeren Konkurrenten davonfährt. Erfahrung zahlt sich aus, Durchhaltevermögen aber auch. „Man muss dranbleiben", beschreibt es Ciccio. Er hält sich auch privat daran. „Meine Frau und ich haben gerade Goldene Hochzeit gefeiert", verkündet er stolz. Van Lennep lacht anerkennend. Auch da kann er gut mithalten. „Bei uns waren es im Oktober 52 Jahre." •

Porsche 718 Cayman Modelle

Kraftstoffverbrauch innerorts: 12,7–10,8 l/100 km
außerorts: 7,1–6,2 l/100 km · kombiniert: 9,2–7,9 l/100 km
CO₂-Emission (kombiniert): 210–180 g/km
Effizienzklasse Deutschland: G–F · Schweiz: G

„Seine Schuhe sind großartig. Ich trage sie noch heute bei Rennen."

Gijs VAN LENNEP

Ikonisch: Das Design der Schuhe hat längst Kultstatus. Ebenso wie ihr Schöpfer – der stets zu Fuß zu seiner Werkstatt läuft.

In Norwegen ist Elektromobilität normal:
Deshalb startete die Europatour des Porsche Taycan in Oslo –
und bereits ein halbes Jahr zuvor besuchte der *Christophorus* einen der
ersten Vorbesteller des ersten vollelektrischen Porsche genau dort.

„Das wird mein Wagen"

Der Norweger Erling Henningstad ist einer von weltweit mehr als 20.000 Kaufinteressenten für den Porsche Taycan. Wie kommt jemand dazu, ein Auto kaufen zu wollen, von dem er so gut wie nichts weiß – außer dass es ein Porsche ist?

Text **Sven FREESE** Fotos **Matthias HASLAUER, Heiko SIMAYER**

Vorbesteller voller Vorfreude:
Erling Henningstad und sein
Sohn Nils-Henrik (rechts)
betrachten das Taycan-Modell.